CICÉRON

DISCOURS

POUR MARCELLUS - POUR LIGARIUS

POUR LE ROI DÉJOTARUS

COLLECTION DES UNIVERSITÉS DE FRANCE
publiée sous le patronage de l'ASSOCIATION GUILLAUME BUDÉ

CICÉRON

DISCOURS

TOME XVIII

POUR MARCELLUS - POUR LIGARIUS
POUR LE ROI DÉJOTARUS

TEXTE ÉTABLI ET TRADUIT
PAR
MARCEL LOB

Troisième tirage

PARIS
LES BELLES LETTRES
2002

Conformément aux statuts de l'Association Guillaume Budé, ce volume a été soumis à l'approbation de la commission technique, qui a chargé M. René Durand d'en faire la révision et d'en surveiller la correction en collaboration avec M. Marcel Lob.

95 boulevard Raspail, 75006 Paris
www.lesbelleslettres.com

Première édition 1952

ISBN : 2-251-01071-8
ISSN : 0184-7155

INTRODUCTION

I

Les trois « Césariennes ».

Les trois œuvres oratoires de Cicéron portant les titres de *Pro M. Marcello*, *Pro Q. Ligario* et *Pro rege Deiotaro* ont ce point commun d'avoir été prononcées en présence et à l'adresse de César, en 46 et 45 ; elles évoquent toutes trois des faits qui se rattachent à la guerre civile et à l'activité du dictateur jusqu'en 46 ; il est donc utile de retracer les grandes lignes de l'histoire romaine pendant cette période [1].

Rivalité de César et Pompée.

Au lendemain du procès de Milon (avril 702/52) Pompée, maître de la situation à Rome, ne songeait qu'à détruire le prestige et la puissance de César occupé à terminer la conquête de la Gaule. Ce dernier, dont les pouvoirs de proconsul allaient expirer en février 705/49, ne se souciait pas de revenir à Rome en simple particulier, ce qui l'aurait livré aux poursuites de ses adversaires ; il avait donc demandé et obtenu d'un plébiscite l'autorisation de briguer absent le consulat. Pompée manœuvra de façon à annuler l'effet de cette décision populaire. Telle fut l'origine du différend qui mit aux

1. A consulter : César, *de Bello ciuili*, et ses continuateurs : *de B. Alexandrino, de B. Africano, de B. Hispaniensi* ; Cicéron, discours *Pro Marcello, Pro Ligario, Pro rege Deiotaro* et *Correspondance* (d'avril 702-52 à mars 710-44) ; Plutarque, *Vies de Cicéron, César, Pompée, Caton le J., Brutus ;* Suétone, *Vie de J. César* ; Appien, *Guerres civiles, II ;* Dion Cassius, *Hist. Rom. XLI-XLIII passim ;* Lucain, *Pharsale* ; Mommsen, *Römische Geschichte*, trad. de Guerle, *III ;* Boissier, *Cicéron et ses amis* (*César et Cicéron ; Brutus*) ; Drumann-Groebe, *Geschichte Roms*, t. II et V ; G. Ferrero, *Grandeur et décadence de Rome*, t. II, 1905, trad. Mengin, Paris 1908 ; J. Carcopino, *César* (dans Glotz, *His. générale*, II, 2) Paris, 1935.

prises d'une part Pompée et les *optimates*, de l'autre César avec ses partisans. En mars 704/50 le consul C. Claudius Marcellus proposa au Sénat la nomination d'un nouveau proconsul des Gaules à la place de César qui prétendait garder sa province et son armée ; après plusieurs mois de manœuvres et de marchandages, un tribun dévoué à César, Curion, fit voter par le Sénat à une énorme majorité que les deux proconsuls de Gaule et d'Espagne (or ce dernier était Pompée) devraient renoncer ensemble à leur commandement ; César eut l'habileté de se dire prêt à obéir, tandis que Pompée refusa. En octobre, sur le bruit inexact que César aurait ramené de Gaule Transalpine et posté à Placentia quatre légions, le consul désigné C. Claudius Marcellus, homonyme et cousin du consul en charge, décida Pompée à marcher contre César avec toutes les troupes qu'il jugerait nécessaires. Ce dernier, informé et conseillé par Curion, envoya de Ravenne un ultimatum au Sénat (décembre) où il offrait de renoncer à son gouvernement si Pompée renonçait au sien ; sinon il garderait une partie de sa province avec deux légions. Malgré des tentatives de conciliation et des conseils de prudence prodigués par M. Marcellus, frère du consul de 49, un sénatus-consulte mit César en demeure de licencier ses troupes et d'abandonner sa province (7 janvier 705/49). César ne céda pas et franchit le Rubicon : c'était la guerre civile.

La guerre civile. En deux mois le proconsul des Gaules se rendit maître de toute l'Italie, que son adversaire avait évacuée ; il eut l'habileté d'empêcher ses partisans d'abuser de leur victoire ; il neutralisait ainsi les résistances et gagna à sa cause la majorité de la population, surtout en province. Puis il partit nettoyer l'Espagne des troupes pompéiennes qui l'occupaient. Élu pendant son absence dictateur à Rome, il ne le reste que onze jours, se fait nommer consul, puis va en Grèce attaquer Pompée qu'il défait à Pharsale (août 706/48).

Sa victoire inattendue lui rallia tous ceux qui n'avaient

suivi la cause sénatoriale que parce qu'ils l'avaient crue la plus forte : Grèce, Égypte, Asie Mineure volèrent au secours du vainqueur. Le vaincu ayant cherché refuge en Égypte, le tuteur du jeune roi le fit assassiner à son débarquement (septembre) ; César, lancé à sa poursuite, entre dans Alexandrie où il trouve la guerre civile ; il rétablit sur le trône Cléopâtre, que les partisans de son frère en avaient chassée ; cette intrusion dans la politique intérieure de leur pays provoqua une insurrection des Alexandrins, qui faillit coûter à César son armée et la vie ; mais sauvé par le secours de Mithridate, roi de Pergame (mars 707/47), il rétablit la puissance romaine sur l'Égypte. Avant de rentrer en Italie, il voulut rappeler à l'obéissance le roi du Bosphore Cimmérien, Pharnace, fils du grand Mithridate, qui avait profité de la défaite de Pompée pour enlever aux alliés de ce dernier une partie de l'Arménie, la Cappadoce et le Pont, qu'il refusait de rendre ; César l'écrasa à Zéla (août 47) après une campagne de cinq jours : « *Veni, uidi, uici* ! ». Puis il rentra à Rome.

Mais il n'y put rester que quelques mois : tout le temps qu'il avait passé en Égypte avait été mis à profit par les restes du parti pompéien, rassemblés en Afrique sous l'autorité de Métellus Scipion, des deux fils de Pompée et du chef des républicains, M. Caton, que soutenait le roi de Numidie Juba ; faisant appel aux débris de l'armée vaincue à Pharsale, aux réfugiés de Macédoine et de Grèce, ils équipèrent avec l'aide de Juba quatorze légions d'infanterie, une forte cavalerie, cent vingt éléphants et cinquante-cinq vaisseaux. César débarqua le 1er janvier 708/46 près d'Hadrumète (Sousse) avec cinq mille fantassins et cent cinquante cavaliers ; il ne put s'emparer que de deux petites villes, Ruspina et Leptis ; sa situation était des plus critiques, mais il en fut tiré par Bocchus, roi de Maurétanie, qui attaqua son voisin et ennemi Juba ; cette diversion permit à César d'attendre l'arrivée de renforts venus d'Italie, grâce auxquels à la bataille de Thapsus (6 avril 708/46), il écrasa la coalition.

La République avait fini d'agoniser. En vain les fils de

Pompée tentèrent de soulever l'Espagne : César, qui était rentré à Rome, en repartit dès septembre ; il ne lui fallut pas moins de six mois pour venir à bout de cette dernière résistance par la victoire de Munda (mars 709/45). Il pouvait désormais se consacrer à l'organisation du nouveau régime.

La générosité de César.

Il n'avait d'ailleurs pas attendu d'avoir la totalité de l'empire romain sous sa puissance pour y rétablir l'ordre et en effacer les traces de la guerre civile ; dès le début de sa lutte contre Pompée, plus sans doute par tactique d'homme d'État que par trait de caractère, il s'était efforcé de réduire au minimum les effets de la dissension, refrénant les excès de zèle et les appétits de ses propres partisans, évitant d'exacerber les haines et les désirs de vengeance chez ses adversaires. Quelle qu'en fût l'origine, qu'elle ait été but ou moyen, la clémence de César fut réelle ; on lui attribue ce mot au début de la guerre : « Qui n'est pas contre moi est pour moi », tandis que Pompée aurait dit : « Qui n'est pas pour moi est contre moi. » Que les phrases aient été prononcées ou non, le fait est que la conduite de César et celle de ses adversaires les ont illustrées : quand le proconsul des Gaules franchit le Rubicon, il avait contre lui la grande majorité de l'opinion, par raison de principes politiques ou d'intérêts personnels et de classe ; son entourage immédiat était formé d'ambitieux endettés qui cherchaient dans la victoire de leur chef et, en attendant, dans la guerre elle-même, la satisfaction de leurs appétits et de leurs vengeances par l'annulation des dettes, les proscriptions et les confiscations ; mais dès la chute de la première cité italienne qui eût résisté, Ariminum en Ombrie, César avait pris des mesures précises pour empêcher les excès : il défendit à ses soldats de circuler en armes dans la ville ; Corfinium ayant capitulé le soir, il retarda l'occupation jusqu'au lever du jour pour éviter que la nuit favorisât les exactions ; il remit en liberté les officiers pompéiens faits prisonniers et leur fit rendre leurs bagages personnels ; malgré ses besoins financiers il respecta les propriétés de ses adversaires. Au même moment dans l'autre camp on ne parlait que de proscrire, épurer, confisquer. Le résultat fut que bien vite les villes de la province chantèrent les louanges de César et sa modération. Mais ceux qui luttaient par conviction politique, Caton et les républicains, ne se laissaient pas séduire par cette générosité calculée ; en avril 705/49 les sénateurs, dont la plupart étaient restés à Rome, lui refusèrent la dictature ; un tribun de la plèbe protesta contre l'ensemble de ses actes et voulut interdire à ses agents l'accès du Trésor public ; César passa outre, mais sans violence, et malgré cette opposition ouverte persista dans son attitude.

Cependant il n'était pas toujours payé de sa générosité : il avait, après la prise de Corfinium, relâché Domitius, aristocrate obstiné que Pompée avait chargé de défendre la place ; sitôt libre, Domitius se rendit à Marseille et décida la grande cité à interdire le passage à César ; celui-ci ne se départit pas encore de son principe, et quand, quelques mois plus tard, la ville dut se rendre après avoir profité, pour mettre le feu aux ouvrages romains, d'une suspension d'armes qu'elle avait demandée, César refusa à ses soldats le plaisir de la vengeance et les profits du pillage. Le jour même de la bataille de Pharsale il rappelle à ses troupes que ce sont des concitoyens et non des ennemis qu'elles vont combattre ; après la victoire il incorpore les soldats prisonniers dans son armée et n'exerce de représailles que contre certains chefs, pour décourager ceux qui s'obstinaient dans la lutte. Il savait que parmi les plus marquants de ses adversaires plusieurs ne s'étaient ralliés à la cause de Pompée qu'à regret, et il ne désespérait pas de les ramener à lui ou tout au moins de les neutraliser. Quelle eût été son attitude s'il avait tenu entre ses mains la vie de Pompée ? La fortune le favorisa au point de ne pas lui imposer cette épreuve, puisqu'à son arrivée en Égypte un assassin payé par la lâcheté du roi lui apporta la tête de son rival. Ni l'accès à la toute-puissance, ni même les dangers que court sa propre vie ne l'empêchent de pardonner à Alexandrie après la délivrance, comme il avait pardonné à Marseille.

Habileté de cette attitude.

Mais, quand on rapproche une telle mansuétude de la férocité avec laquelle le vainqueur de la Gaule avait, en plusieurs occasions, traité ses ennemis vaincus, on est en droit d'attribuer cette générosité dans la guerre civile non pas au fond même de l'homme, mais à l'habileté de l'homme d'État ; on ne s'étonnera donc pas de la voir se manifester à Rome par l'oubli, tout au moins apparent, des offenses : faisant de la clémence un instrument de propagande et de pacification politique, César commença, une fois maître de l'Italie, par se créer des obligés en rappelant de l'exil tous ceux que son rival avait jugé bon d'en bannir, à l'exception de Milon, dont il redoutait l'esprit d'agitation et l'audace. Quant à ses propres adversaires, ceux qui avaient pris le parti de Pompée, mais étaient demeurés à Rome ou, réflexion faite, y étaient revenus, il ne chercha pas à les humilier ; il tint au contraire à désarmer les rancœurs tout en assurant son pouvoir. Si, après la guerre d'Espagne, le désir d'en finir et aussi le mécontentement de ses partisans devant ce qu'ils prenaient pour de la faiblesse l'amenèrent à décider que les officiers qui s'obstineraient dans la lutte seraient bannis d'Italie à perpétuité, et verraient leurs biens confisqués, et que ceux qui, après avoir été graciés, auraient repris les armes contre lui, seraient condamnés à mort, en fait il n'y eut que peu d'exécutions et presque tous ceux qui implorèrent le pardon l'obtinrent facilement ; quelques-uns même furent rappelés sans avoir consenti à le demander ; tel fut le cas de M. Marcellus, qui avait été cependant, on le verra plus loin, une des personnalités influentes dans le camp des anti-césariens. Car, et c'est en quoi se marque aussi la part de calcul politique qui entrait dans sa générosité, César ne limita pas son indulgence aux seuls comparses ou exécutants de minime importance : elle s'exerça aussi, quand l'occasion s'offrit, envers les plus haut placés de ses adversaires, comme le montre son attitude à l'égard de Cicéron : l'orateur paya sa dette de reconnaissance par l'éloge enflammé, insistant et réitéré de cette générosité, il en fit le thème principal des trois *Césariennes* ; il est donc utile, pour l'étude de ces discours, de retracer l'histoire du chef des modérés pendant la guerre civile.

Cicéron et César. A son retour d'exil (697-57) Cicéron n'avait pas trouvé dans le parti aristocratique, dont la défense lui avait coûté si cher, assez de force et de dévouement pour assurer sa tranquillité devant les attaques de Clodius ; il s'était donc résigné à se mettre sous la protection des triumvirs ; par quoi il renonçait à la lutte pour la République et le Sénat. C'est sûrement à regret qu'il avait vu depuis longtemps la politique l'opposer à César, pour lequel il avait eu dès sa jeunesse de la sympathie et de l'admiration ; il se savait l'objet des mêmes sentiments de la part de César, et leurs rapports privés en avaient toujours porté la marque. Il n'en était pas de même avec Pompée, dont l'épaisse vanité, la morgue, la dissimulation et la versatilité étaient insupportables à Cicéron. Aussi ce dernier avait-il toujours saisi avec empressement les occasions où il pouvait, sans trop sacrifier de son devoir politique, se rapprocher du premier et se passer du second. Pendant la conquête de la Gaule l'orateur et le proconsul avaient échangé une correspondance des plus amicales ; César avait dédié à Cicéron son traité *Sur l'Analogie* ; Cicéron avait commencé un poème sur l'expédition de Bretagne, et s'était fait à Rome le héraut de la gloire militaire du conquérant, dont le prestige grandissait même dans l'esprit de ses adversaires, tandis que Pompée effritait le sien dans les compromissions quotidiennes des intrigues politiques. Cicéron ne partit qu'à regret, en mai 703/51, pour son proconsulat de Cilicie, mais il dut bientôt se consoler : son éloignement le dispensait de prendre parti dans les débats qui, quatre mois plus tard, mirent aux prises dans le Sénat partisans et adversaires de César. Au moment où il regagne l'Italie (décembre 704/50) la situation est confuse ; par ambition il voudrait bien ménager les deux partis, car il brigue le triomphe pour ses victoires en Asie Mineure. Ses préférences politiques le poussent du côté des républicains et de Pompée ; sa sympathie personnelle pour César, son intuition que ce dernier sera finalement le plus fort, la prudence qu'il observe depuis l'exil, les conseils d'Atticus le retiennent dans l'indécision ; il rêve un moment d'une médiation, mais les événements le dépassent : rentrant à Rome au début de janvier 705/49 il tombe « en plein brasier de la guerre civile », au moment où César franchit le Rubicon ; Pompée part pour Brindes. Cicéron n'est pas de ceux qui le suivent : César le ménage et le flatte, ce qui redouble ses perplexités ; en juin enfin, après six mois d'hésitations et de gémissements, il rejoint ses amis à Dyrrachium « comme le bœuf suit le troupeau », à contre-cœur et sans illusion sur l'issue du conflit. Son rôle là-bas est nul, il refuse tout commandement par découragement ou crainte de se compromettre davantage ; il ne prend point part au combat de Pharsale, et après la défaite il tente de convaincre ses amis que leur cause est perdue et leur obstination stérile. Il refuse de les suivre en Afrique et se rend à Corcyre, puis à Brindes ; là, accablé de malheurs familiaux, il se morfond onze mois dans l'attente anxieuse du sort que lui fera le vainqueur. Quand, à son retour d'Orient, César débarque à Tarente, il accueille avec courtoisie et même avec cordialité l'orateur venu demander son pardon, et il l'autorise à regagner Rome. Tant de générosité dépassait les espérances de Cicéron au point de l'inquiéter : il crut à une vengeance différée.

Il n'en fut rien ; le philosophe, l'homme de lettres reprit en lui le dessus ; il se retira à Tusculum au milieu de ses livres : « Gardons au moins une demi-liberté dans la retraite et le silence », écrivait-il à Atticus. Il eut assez le respect de la cause qu'il abandonnait pour ne pas chercher à servir ses adversaires de la veille. Mais quand, après quelques mois de loisirs studieux, il revint à Rome, il renoua les relations personnelles avec les amis qu'il pouvait avoir chez les Césariens, avec César lui-même. Quelque indépendance qu'il conservât dans cette réconciliation, elle n'alla pas sans susciter des critiques ; il s'en consolait par le prestige qu'il y retrouvait dans un certain cercle, sa société et sa maison devenant un terrain de rencontre pour les moins intransigeants des deux camps ; il essayait de se faire pardonner, et peut-être de se pardonner lui-même, en se mettant au service des exilés qui, moins heureux ou moins souples que lui, payaient encore de leur éloignement la fidélité qu'ils avaient montrée à leurs opinions. Le meilleur moyen d'implorer la clémence du dictateur était d'en faire devant lui-même l'éloge enthousiaste, pour l'obliger à se montrer ressemblant au portrait qui était fait de lui. C'est ainsi que Cicéron fut amené à intervenir en faveur de Marcellus, puis de Ligarius, et enfin pour le roi Déjotarus.

II

Le texte des discours « ad Caesarem. »

Voisins par la chronologie dans l'œuvre oratoire de Cicéron, adressés tous trois à César, et composés tous trois pour des adversaires du dictateur, les discours *pro Marcello*, *pro Ligario*, *pro rege Deiotaro* étaient déjà réunis par les grammairiens anciens sous la dénomination commune de *Orationes Caesarianae* [1]. Il n'est donc pas étonnant que dès l'antiquité ils aient aussi été groupés dans cet ordre par les copistes et qu'en conséquence ils nous aient été transmis tous trois par les mêmes manuscrits. Cependant la communauté de tradition manuscrite des *Césariennes* est un fait qui n'a été constaté et admis que tardivement par les éditeurs, et seulement à la suite des découvertes, travaux et conclusions de A. C. Clark.

Avant l'intervention décisive du grand philologue anglais, on peut distinguer deux périodes dans l'étude critique de ces discours. La première aboutit à la réédition d'Orelli (1856), procurée par Baiter et Halm : tandis

1. Cf. Orelli-Baiter, 1856, vol. II, pars II, p. 1184.

qu'on n'avait jusqu'alors utilisé qu'un apparat critique restreint et choisi un peu au hasard, l'édition Baiter-Halm posa quelques bases sérieuses ; mais les deux érudits s'étaient partagé la tâche pour les *Césariennes*, et tandis que Halm, chargé du *pro r. Dei.* faisait appel à huit mss. répartis en deux familles, Baiter n'utilisait pour le *pro Marc.* que quatre mss. complets et un fragment, et pour le *pro Lig.* trois seulement, dont un, le *Coloniensis*, n'était alors connu que par une collation très erronée de Graevius. A cette divergence dans la méthode s'ajoutait la confusion dans les sigles : un même ms., le *Gemblacensis* ou *Bruxellensis* 5345 était appelé *G* par Baiter et *B* par Halm, qui en revanche donnait le sigle *G* au *Gudianus* 335 ; de là résultèrent une absence de toute vue d'ensemble et le fait qu'on porta sur la valeur de chacun des mss. un jugement différent pour chacun des discours. Enfin une importance injustifiée était donnée, faute de mieux, à deux copies aujourd'hui repoussées au second plan, l'*Erfurtensis* et son proche parent le *Gemblacensis.*

La seconde période est caractérisée par l'utilisation d'un ms. dont l'existence était connue, mais dont on ignorait la valeur : l'*Ambrosianus* (*A*) [1] ; les éditeurs l'ajoutent désormais à l'apparat de Halm-Baiter encore en usage ; C. F. W. Müller adopte un assez grand nombre de leçons ambrosiennes pour le *pro Marc.* et le *pro Lig.*, sans discuter les origines et les affinités de ce ms. ; pour le *pro r. Dei.* il le classe à tort parmi les *deteriores.* Nohl (qui n'édita pas le *pro Marc.*) adjoignit à son apparat du *pro Lig.* deux mss., le *Barberinus* et le *Salisburgensis*, en considérant le premier comme un *gemellus* de *A*, et sans oser attribuer à aucune de ses sources une supériorité marquée ; pour le *pro r. Dei.* par contre, il range *A* dans une première famille nettement supérieure à la seconde ; or cette seconde, qu'il composait notamment du *Brux.* et de l'*Erf.*, avait jusqu'alors été considérée comme celle des *meliores* ; Nohl la détrônait définitivement et avec raison, en même temps qu'il pressentait la valeur de *A.*

1. C'est en 1863 que Baiter publia une collation, de ce ms. dans *Philologus* XX, pp. 344-350.

Nous arrivons ainsi à la dernière période, inaugurée et dominée par les travaux de Clark, qui a entièrement renouvelé les bases sur lesquelles doit être établi le texte des *Césariennes* : il remit en lumière et identifia avec le *Coloniensis* de Graevius, jusqu'alors considéré comme perdu, le *Harleianus* 2682 (*H*), qui contient deux copies successives et différentes des trois discours [1] ; il montra que la seconde s'accorde avec *A* et il dégagea les importantes conclusions suivantes :

a) l'établissement du texte doit reposer sur les mêmes bases pour les trois discours ; *b*) les mss. *A* et *H* (2e copie) constituent à eux deux une famille, qui est la plus digne de considération ; *c*) au contraire le *Brux.* et l'*Erf.*, jadis regardés comme supérieurs, forment un second groupe entaché d'interpolations ; *d*) ce second groupe est lui-même très différent d'un troisième, encore de beaucoup inférieur, composé notamment du *Gudianus* 335, du *Mediceus L* 45 et de la première copie du *Harl.* 2682.

Poursuivant de 1892 à 1900 ses recherches et ses collations, Clark enrichit son apparat de plusieurs mss. encore ignorés ou mal connus ; il a résumé ses acquisitions et sa doctrine dans un article de la *Classical Review* [2], et les a mises en œuvre dans son édition des *Césariennes* parue l'année suivante [3].

En 1901 aussi, W. Peterson publiait la collation d'un ms. du IXe siècle qu'on n'avait pas encore identifié ni étudié, le *Cluniacensis* 498 [4], qui s'est révélé, par les fragments malheureusement très incomplets qu'il apporte, comme le plus intéressant de tous les mss. jusqu'à présent connus pour nos discours.

Enfin une étude d'ensemble, utilisant tous les résultats acquis et les confrontant avec les citations des rhéteurs et grammairiens anciens, a été publiée par H. Reeder en

1. *Anecdota Oxoniensia*, Classical Series, part VII, 1892, « *Collations from the Harleian Ms. of Cicero* 2682 » pp. IV-XIV.

2. *Classical Review* XIV, 1900, pp. 249-257.

3. *M. Tulli Ciceronis Orationes*, vol, VI, *recognouit breuique adnotatione critica instruxit* A. C. CLARK, *Oxonii*, 1901.

4. *Anecdota Oxoniensia*, Classical Series, part IX : W. PETERSON, « *Collations from the Codex Cluniacensis siue Holkhamicus...* »

1906 [1] ; cette dissertation constitue une mise au point définitive, dans l'état présent de la tradition manuscrite, de la critique des *Césariennes*. Aussi bien, sauf pour quelques détails, est-ce aux conclusions de Reeder que s'est rangé A. Klotz pour l'établissement de son édition critique [2] ; c'est également ce que nous avons fait.

Les mss. constituant notre apparat critique se groupent en trois familles distinctes. La plus intéressante, appelée α depuis Clark, comprend quatre mss. :

Cluniacensis 498 (*C*), dit aussi *Holkhamicus* 387 [3], faisant partie de la bibliothèque de Lord Leicester à Holkham, ms. sur vélin, écrit en minuscule caroline de la première moitié du IXe siècle [4] ; très mutilé il ne donne que *Lig.* §§ 18-28 et les neuf derniers mots, et *Dei.* §§ 1-6, §§ 15-43 ; il n'a sans doute jamais contenu le *pro Marc.* ; un réactif chimique a fait réapparaître une inscription montrant que *C* appartint au XIIe siècle à la bibliothèque de Cluny sous le nº 498, d'où son sigle [5]. Il porte des corrections supralinéaires de deux mains différentes mais contemporaines, ou presque, du premier texte : tous les superlatifs en *-imus* et les participes en *-endus* ont ainsi été corrigés en *-umus* et *undus* ; un grand nombre de ces corrections ont ensuite été très soigneusement effacées. *C* est le plus ancien représentant de la famille α, il en est aussi le plus correct. Peterson voulait en faire l'archétype de *H* et de *A* pour le *pro Lig.* et le *pro r. Dei.* [6] ; mais il est probable que *A* fut tout au plus corrigé sur *C* ; quant à *H*, Clark a montré que *C* en est seulement un *gemellus* [7]. Nous le citons d'après la collation de Peterson publiée dans *Anecdota Oxoniensia* de 1901.

1. Hermann Reeder : *De codicibus in Ciceronis orationibus Caesarianis recte aestimandis*, Dissertatio philologica, Ienae, 1906.

2. *M. Tulli Ciceronis scripta...* vol. VIII... *recognouit*. A. Klotz, Lipsiae in aed. Teubneri, 1918 ; u. praef. pp. XI-XVI.

3. Cf. W. Peterson, *op. cit.*, où le ms. a pour sigle *Ho*.

4. V. *fac-simile* dans E. Chatelain, *Paléographie des classiques latins*, Paris 1884-92, planche XXVII. a.

5. W. Peterson, *op. cit.* p. VII ; et *Vetus Catalogus Bibliothecae Cluniacensis*, vol. II. p. 458 sqq.

6. W. Peterson, *op. cit.* p. XIX sqq.

7. A. C. Clark, *Classical Review*, XVI, 1902, p. 322 sqq.

Ambrosianus C. 29 *part. inf. A* (*A*), à la Bibliothèque Ambrosienne de Milan ; l'écriture, très nette, est du xe siècle [1] ; la collation en a été publiée en 1863 par Baiter [2]. La valeur de *A*, qui est grande, a été pressentie par Nohl [3], mais définitivement établie par Clark [4] ; il est le plus ancien des mss. complets, et ressemble beaucoup à *V* dont il est sans doute un *gemellus*.

Harleianus 2682, du xie siècle (*H*) connu des éditeurs depuis le xvie siècle, disparu au xviiie ; remis au jour et identifié par Clark au cours de ses recherches sur le texte du *pro Milone*. Les *Césariennes* y figurent deux fois : la première copie est médiocre, la seconde excellente, et c'est cette dernière seule que désigne le sigle *H*. Graevius l'avait utilisé sous le nom de *Coloniensis* pour son édition de 1699, mais en mêlant des leçons des deux copies. Pour les *Césariennes* il est très proche de *A* et surtout de *C* qui est issu très probablement, nous l'avons dit, d'un même original que lui, tandis que *A* est *gemellus* du suivant.

Vossianus Lat. O 2 (*V*), à la bibliothèque de Leyde ; la partie qui contient nos trois textes est du xie siècle ; c'est Clark qui l'a, le premier, étudiée [5] ; *V* n'offre pas à lui seul une garantie suffisante, mais il peut servir, quand *A* et *H* diffèrent, à montrer lequel des deux représente l'archétype de la famille α.

La seconde famille, β, comprend également quatre mss. :

Bruxellensis 5345, du xiie siècle (*B*) ; autrefois *Gemblacensis* (de Gembloux), il a été collationné et utilisé pour *Marc.* et *Lig.* par Baiter qui le nomme *G*, pour *Dei.* par Halm qui le nomme *B* ; Nohl l'appelle *G* dans *Lig.* et *B* dans *Dei.* ! Il est le second en valeur de la famille β.

1. V. description et *fac-simile* dans Chatelain, *op. cit.*, planche XXVIII 3°.

2. *Philologus*, XX, pp. 344-350.

3. *Wochenschrift für klass. Philologie*, 1887, pp. 1198-1202 ; *Fleckeis. Jahrb.* 1888, pp. 137-141, 398-400.

4. *Class. Rev.* XIV, 1900, pp. 251-257; *Anecd. Oxon., Class. ser.* VII, 1892, p. xxix sqq.

5. *Class. Rev.* XIV, 1900, p. 250-251.

Dorvillianus 77 (*D*) à la bibliothèque d'Oxford, du XIe siècle, un des mss. révélés par Clark [1] ; très proche du précédent, il lui est supérieur, et s'accorde souvent avec α contre les autres membres de la famille β, dont il représente la forme la plus ancienne.

Erfurtensis (*E*) du XIIe siècle, maintenant à Berlin (*Berolinensis* 252) où nous l'avons collationné à nouveau. Jadis très apprécié, il doit être en fait considéré comme le moins bon parmi les mss. complets du groupe β.

Harleianus 2716 (*L*), du XIe siècle, collationné par Clark [2] ; il ne contient que le *pro Marc.* et *Lig.* §§ 1-6 ; il offre, ici ou là, quelques leçons intéressantes.

Enfin dans la famille γ se rangent quelques copies de dates très différentes, présentant des lacunes et des interpolations communes, et dont il n'y a plus lieu de retenir que :

Harleianus 4927 (*a*), du XIIe siècle, le seul du groupe qui soit complet ; il s'accorde assez souvent avec α et β contre les autres membres de γ interpolés ou corrompus ; il est plus près de α que de β, mais sans doute par contamination ;

Gudianus 335 (*g*), à Wolfenbüttel, du Xe siècle, le plus ancien du groupe, malheureusement très incomplet, il ne donne que *Dei.* §§ 1-26, mais il représente la tradition pure de γ ;

Harleianus 2682 (*h*), du XIe siècle, est la première des deux copies du volume ; la fin de *Dei.* à partir du § 27 manque ; il a donc pour ce discours la même lacune que *g* avec lequel il s'accorde étroitement et à la carence duquel il supplée pour donner la tradition originale de γ là où le suivant fait défaut ;

Mediceus XLV, plut. *L* (*m*) du XIe siècle, il ne contient que le *pro Marc.* et *Lig.* §§ 1-32, encore n'est-il guère déchiffrable après § 26 ; très proche de *h*, il sert à le confirmer.

Bodleianus Auct. Rawl. G 138 (σ), du XVe siècle ; malgré sa date tardive il n'est pas sans intérêt pour *Lig.*

1. *Ib.*, p. 254.
2. *Ib.*, pp. 254-255.

à partir du § 26 où *m* n'est plus utilisable, et pour *Dei.* où *g* et *h* sont mutilés.

De ces trois familles se détache nettement la première, α, dont l'antiquité et la qualité sont confirmées par les citations de Quintilien ; tous les éditeurs modernes s'accordent sur la supériorité de cette source. La seconde, β, dont on est à peu près certain qu'elle était déjà représentée au IIIe siècle, mérite aussi considération, mais à un moindre degré ; contrairement à l'opinion de Clark, l'archétype β ne dérive pas de α ; cette indépendance permet de considérer l'accord αβ comme le texte authentique, sauf de très rares exceptions, qu'on trouvera dans notre apparat ; le désaccord entre α et β ne peut être tranché dans chaque cas que par un jugement d'espèce. Quant à la troisième famille, γ, dont on trouve la trace indépendante dès le IVe siècle, on ne peut la négliger tout à fait et nous en avons conservé çà et là une leçon.

Aux mss. s'ajoute l'aide fournie par les citations des rhéteurs et des grammairiens : Quintilien, Martianus Capella, Servius, Priscien, Scholiasta Gronovianus, Scholiasta Lucani.

Comme éditions nous citerons : pour l'ensemble des *Césariennes* Lambin (Paris, 1565-66), Gruter (Hambourg, 1618), Graevius (Amsterdam. 1699) ; puis celles, avec notes critiques, de Orelli-Baiter (*M. Tullii Ciceronis... omnia...*, vol. II, pars 2, Zurich, 1856 : le *pro Marc.* et le *pro Lig.* procurés par Baiter, le *pro r. Dei.* par Halm) ; Madvig (*Orationes selectae duodecim*, 4e éd., Hanovre, 1858) ; A. C. Clark (vol. VI de *Ciceronis Orationes*, Oxford, 1901) ; A. Klotz (vol. VIII de *Ciceronis omnia...*, vol. VIII, Leipzig, 1918) ; avec introduction et notes : Richter-Eberhard (4e éd., Leipzig. 1904) ; W. Y. Fausset (*Orationes Caesarianae*, part I Text, part II Notes, Oxford, 1906) ; comme éditions partielles : H. Nohl (*pro Ligario* et *pro Deiotaro*, Freytag, Leipzig, 1908). Parmi les éditions ne donnant qu'un des trois discours citons : pour le *pro Marcello*, Tortini (Turin, 1933), Pozzi (Milan, 1933) ; pour le *pro Ligario*, dont la première édition connue est celle de Fabricius Marcoduranus (Schmidt de Düren), à Düsseldorf en 1562, K. Halm, 9e éd. revue par Laubmann, contenant aussi le *pro Mil.* et le *pro r. Dei.*, (Berlin, 1885) ; A. Giusti (Milan, 1933) ; pour le *pro rege Deiotaro*, Nohl (Leipzig, 1908), A. Giusti (Naples, 1933).

J'ai cru devoir m'écarter des mss. ou des leçons adoptées par les derniers éditeurs dans les passages suivants :

Marc. 2 : *de omni re p.*, 4 : *ei merito*, 12 : *condicione omnes iure.*

POUR MARCELLUS

NOTICE

LE DISCOURS PRO MARCELLO

Antécédents de Marcellus. La *gens Claudia* était originaire de la Sabine ; établie à Rome dès les premiers temps de la République, elle était divisée en deux branches, une patricienne et une plébéienne. La principale famille de cette dernière était celle des *Marcelli*, dont le membre le plus illustre fut M. Claudius Marcellus, cinq fois consul, le vainqueur d'Archimède au siège de Syracuse en 212 av. J.-C. Son descendant et homonyme était né vers 660/94 ; après de solides études de rhétorique et de droit, où il subit sans doute l'influence de Cicéron avec lequel, malgré une différence d'âge de douze ans, il fut très lié dès sa jeunesse [1], il acquit une belle réputation de juriste, orateur et avocat [2] ; nous savons qu'il défendit en 698/56 Milon accusé de violence par Clodius ; deux ans plus tard il partagea avec Cicéron et Hortensius la défense de M. Æmilius Scaurus, accusé de concussion pendant sa propréture en Sardaigne et qui fut acquitté malgré son indéniable culpabilité ; en 702/52 il fut encore appelé à seconder Cicéron dans le procès intenté à Milon pour le meurtre de Clodius [3]. Étant, par tradition de famille, opinions personnelles et tempérament, républicain et défenseur de l'autorité sénatoriale contre les ambitions individuelles, il était en tout point opposé à César ; ajoutons qu'il semble avoir été un des rares parmi les personnages politiques du temps à mériter l'estime pour sa moralité privée et publique.

En 702/52, lors des troubles consécutifs à la mort de Clodius, Pompée avait profité de la nécessité où se trou-

1. *Ad. Famil.* XV, 9, 1.
2. Cicéron, *Brutus*, 248.
3. *Ad Quintum fr.*, II, 3, 1 ; Asconius, 18, 9. 30, 7. 35, 6.

vait le parti républicain de se le concilier pour lutter contre les ambitions de César ; un rapprochement s'était donc fait entre lui et le parti de Caton. Ce dernier ne put parvenir au consulat, mais Marcellus fut élu avec l'appui de Pompée. A défaut de grandes capacités politiques, la fermeté de ses convictions et sa réputation d'énergie semblaient faire de lui l'homme de la situation. Il avait déjà pris une part active aux efforts de Pompée pour abréger le proconsulat de César, en se prononçant pour le sénatus-consulte qui décidait qu'un délai minimum de cinq ans devrait s'écouler entre l'exercice du consulat et le gouvernement d'une province : le proconsulat de César prenant fin en février 705/49 et l'année consulaire se terminant avec l'année civile, César comptait, suivant la tradition, rester en fonction jusqu'à l'arrivée de son successeur en janvier 48 ; du moment qu'on faisait appel à d'anciens magistrats libres de charge, les dix mois de sursis lui échappaient.

Le consulat de Marcellus. Dès qu'il fut consul (janvier 703/51), M. Marcellus demanda au Sénat, conformément à l'usage, de pourvoir au remplacement de César en Gaule au 1er mars 705/49 ; de la sorte il ôtait à ce dernier tout espoir de se maintenir au delà de la date légale, en même temps qu'il lui refusait le droit de briguer absent le consulat. La menace était grave pour César : relevé de son proconsulat en mars 49 et ne pouvant, au mieux, être réélu consul qu'en janvier 48, il allait se trouver, comme simple citoyen, livré aux poursuites que ne manqueraient pas de lui intenter les républicains, et avant tous Caton ; dans une telle occurrence Pompée ne serait pas fâché de se voir débarrassé par une condamnation d'un rival aussi gênant ; si par contre César ne voulait pas se démettre de sa charge, d'une part il se mettait en état de rébellion et de l'autre il ne pouvait se présenter aux élections. Les événements ultérieurs, la mollesse des uns, l'opposition des autres ne permirent pas à la proposition de Marcellus d'être suivie d'effet ; le consul de 51 ne s'en était pas moins placé au premier rang des ennemis de César pour avoir tenté de le mettre dans une situation qui eût pu lui être fatale. Mais Marcellus ne s'en tint pas là : il fit adopter le même jour un sénatus-consulte enjoignant d'accorder leur congé à ceux des soldats de César qui y avaient droit ; c'était désagréger son armée et, au cas où il s'y fût opposé, lui faire courir les risques d'une mutinerie semblable à celle qui, pour un motif identique, avait mis fin quinze ans plus tôt aux campagnes de Lucullus en Orient. Enfin toute l'œuvre administrative et politique de César en Gaule Cisalpine était déclarée nulle et illégale ; le proconsul y avait fondé plusieurs colonies jouissant du *droit latin* qui, en matière civile, assimilait leurs habitants aux citoyens romains, et accordait à ceux d'entre eux qui avaient exercé une magistrature locale le droit complet de cité romaine [1]. Or M. Marcellus n'hésita pas à faire fouetter de verges pour un délit commis à Rome un citoyen de Comum [2], ce qui était illégal et fut sévèrement jugé, même par des amis politiques de Marcellus, comme Cicéron [3]; à cette illégalité le consul ajouta des commentaires désobligeants pour le gouverneur des Gaules.

Marcellus et la guerre civile. Telle était l'attitude nettement hostile de Marcellus envers César [4]. Mais sa combativité ne l'empêchait pas de voir clair dans la situation et de bien juger les forces respectives des deux camps : un an après sa sortie de charge, quand le Sénat fut sur le point de voter le décret enjoignant à César de licencier ses légions et d'abandonner sa province, Marcellus, se rendant compte que ce serait la guerre civile, demanda l'ajournement d'une telle résolution jusqu'à ce qu'on eût levé assez de troupes en Italie pour appuyer

1. Asconius, *in Pis.*, p. 3, 4 ; Appien, *G. civ.*, II, 26.
2. Suétone, *Vie de César*, 28 ; Plutarque, *Vie de César*, 29 ; Appien, *l. c.*
3. *Ad Att.*, V, 11, 2.
4. Hirtius, *de B. Gallico*, VIII, 53, 1.

cette politique de force ; mais devant l'opposition et même les invectives de ses partisans il retira sa motion [1]. Il avait cru sans doute qu'une attitude ferme intimiderait César ; mais il n'avait trouvé que veulerie ou maladresse dans le Sénat, indécision chez Pompée. La catastrophe venue, il discerna que la lutte était sans espoir avec de tels dirigeants ; néanmoins, trop compromis pour n'avoir pas à redouter la vengeance de César [2], il quitta l'Italie avec les pompéiens, mais sans prendre part à la conduite de la guerre [3].

Après Pharsale il se retira à Mitylène, dans une solitude studieuse, pleine de dignité et de résignation, occupant ses loisirs par la philosophie en compagnie du péripatéticien Cratippos. Brutus, qui s'était rallié à César, vint le voir et ne put s'empêcher d'admirer son stoïcisme : « Quand je dus le quitter, quand je vis que je m'en allais sans lui, je crus que c'était moi qui partais pour l'exil et non Marcellus qui y restait [4]. » La fierté du républicain intransigeant préférait l'exil avec toutes ses amertumes à une soumission qu'il jugeait humiliante ; il ne daigna pas demander le pardon à César, ni même le faire demander en son nom.

Interventions en sa faveur.

De ses proches parents seul, semble-t-il, souhaitait vraiment son retour C. Claudius Marcellus [5], son cousin germain, qui comme consul en 704/50 s'était aussi opposé à César, mais avait ensuite gardé la neutralité dans la guerre civile ; il voulut user du crédit que cette attitude pouvait lui avoir donné auprès du dictateur pour obtenir le rappel de l'exilé ; mais il se heurta à l'intransigeance de l'exilé lui-même qui ne voulait rien devoir à l'usurpateur et préférait ne pas revoir Rome plutôt que de la revoir esclave. Cicéron dut

1. César, *de B. ciu.*, 1, 2, 5.
2. *Ad Att.* IX, 1, 4.
3. *Ad Fam.*, IV, 7, 2.
4. Sénèque, *Cons. ad Heluiam*, 9 ; *Brutus*, 250.
5. *Ad Fam.*, IV, 7, 6 ; 11, 1 ; XV, 9.

intervenir, lui écrire plusieurs fois pour le fléchir [1], déployer beaucoup de tact et d'habileté dans l'insistance, se donner lui-même comme un exemple de dignité dans la soumission pour amener Marcellus à son niveau et par là se rehausser à ses propres yeux comme dans l'opinion publique : car l'amitié qui les liait n'explique pas seule, semble-t-il, le zèle que Cicéron déploya pour le retour de Marcellus [2] ; il devait tenir à accroître le nombre des ralliés parmi les grands républicains, pour mieux faire admettre, en le rendant moins exceptionnel, son propre ralliement ; en même temps il pensait ainsi servir encore une cause qu'il avait abandonnée un peu vite et pour laquelle d'autres mouraient ou souffraient au loin tandis que lui-même menait à Rome une vie paisible et confortable en compagnie de certains profiteurs du nouveau régime ; peut-être aussi gardait-il au fond de lui-même l'espoir de voir un jour la restauration de la République, et jugeait-il bon de rassembler au plus tôt à Rome même une équipe d'hommes dévoués et capables de reprendre en mains le pouvoir [3]. En août 708/46 (juin du nouveau style) Cicéron tente une dernière démarche auprès de Marcellus par une assez longue lettre [4], où il rassemble tous les arguments qu'il peut trouver pour fléchir l'exilé, dont la haine était telle que dans aucune des lettres qu'il lui adresse Cicéron n'ose désigner César par son nom. Nous ignorons ce que Marcellus répondit ; nous savons seulement que sa grâce fut accordée sans qu'il eût encore consenti à la demander.

Rappel de Marcellus.

Dans le courant d'août 46, (juin n. s.) César, rentré depuis peu à Rome, au sommet de la gloire, avait célébré un quadruple triomphe pour ses victoires en Gaule, en Égypte, en Asie et en Afrique ; il disposait de la toute-puissance et d'une immense

1. *Ad Fam.*, III, 8.
2. *Ad Att.*, XI, 7, 3 ; 11, 2 ; 14, 1 ; 16, 2.
3. *Ad Fam.*, IV, 8, 2 ; 9, 1 et 3.
4. *Ad Fam.*, IV, 7

popularité. Au début de septembre (juillet n. s.), au cours d'une séance du Sénat [1], dans des conditions restées imprécises, L. Pison, beau-père du dictateur, fit une allusion à M. Marcellus ; son cousin C. Marcellus se jeta alors aux pieds du maître, implorant la grâce de l'exilé ; tout le Sénat se joignit à lui. César évoqua la haine que Marcellus lui avait manifestée en 51 ; en rappelant des adversaires dont l'esprit n'avait pas désarmé ne risquait-il pas sa vie ? cependant si le Sénat se prononçait pour le rappel, il accéderait à sa demande. Était-ce une mise en scène convenue entre César et ceux qui avaient intercédé pour Marcellus, ou bien seulement une habileté de César pour se faire prier par le Sénat et ne pas avoir l'air d'accorder un pardon que le bénéficiaire n'avait pas lui-même demandé ? En tout cas l'effet fut produit : tous les consulaires opinèrent pour le rappel, à l'exception d'un Volcacius Tullus, consul en 66, qui déclara qu'à la place de César il n'aurait rien accordé. Mais ce qui n'était sans doute pas attendu, ce fut l'intervention de Cicéron : au moment où vint son tour, il se leva et prononça un véritable discours de remerciement à l'adresse de César ; c'est celui dont le texte nous est parvenu sous le titre de *Oratio pro Marcello.*

C'etait la première fois depuis deux ans que l'ancien chef des modérés reprenait la parole au Sénat ; il rompait ainsi un vœu de silence et d'abstention politique qui, sans doute, devait lui peser ; il saisissait l'occasion qui s'offrait de se rallier publiquement au régime nouveau sous prétexte d'intervenir en faveur d'une victime, et de la plus représentative : il n'hésitait pas à interpréter ce rappel de Marcellus comme annonçant la renaissance de la République.

Retour et mort de Marcellus.

Tout le monde était donc dans la joie de l'union et de la gratitude, sauf peut-être Marcellus lui-même ; malgré la façon on ne peut plus honorable dont son rappel avait été demandé et ac-

1. *Ad. Fam.*, IV, 4 ; VI, 6, 10.

cordé, il accusa réception de la nouvelle en termes très froids [1] : ce qu'il apprécie, écrit-il à Cicéron, c'est moins le résultat obtenu que le dévouement qui l'obtint. Il n'avait donc rien perdu de sa haine pour César ; aussi ne semble-t-il pas pressé de revenir à Rome : plus de huit mois s'écouleront avant son départ de Mitylène, le 23 mai 709/45 il débarquait au Pirée, où il était accueilli par son ancien collègue Servius Sulpicius, alors proconsul d'Achaïe [2]. Mais il ne devait revoir ni Rome ni César : pendant son escale au Pirée, dans la soirée du 26, il était grièvement blessé par un de ses compagnons, P. Magius Cilo ; il fit aussitôt demander à Sulpicius qu'on lui envoyât d'Athènes un médecin ; le proconsul se rendit lui-même au petit jour près de son ami, mais en chemin il apprit sa mort ; le meurtrier s'était suicidé, emportant avec lui l'explication du drame, sur lequel plusieurs hypothèses ont été émises [3] : d'après Cicéron, la victime aurait refusé à Magius de lui avancer de l'argent pour payer des dettes ; selon Valère-Maxime, le meurtre aurait été causé par la jalousie, pour une préférence accordée à un autre compagnon de voyage ; certains contemporains émirent le soupçon que le crime aurait été ordonné par César, mais en ce cas on ne s'expliquerait pas le suicide du meurtrier ; ce bruit fut assez répandu pour que Brutus, alors tout attaché au dictateur, jugeât nécessaire de l'en défendre dans ses lettres. Le corps de Marcellus fut incinéré dans l'Académie et Sulpicius lui fit élever un monument de marbre.

Le discours « pro Marcello ». Mais ce qui nous a conservé le souvenir de Marcellus, c'est le discours que Cicéron prononça pour rendre grâce à César de sa mansuétude envers son adversaire exilé ; malgré la forme du titre ce n'est pas un plaidoyer [4] : c'est un remerciement,

1. *Ad Fam.*, IV, 11
2. *Ad Fam.*, IV, 12
3. *Ad Att.*, XIII, 10, 3 ; Valère-Maxime, IX, 11, 4.
4. Le titre « *Pro Marcello gratiarum actio ad Caesarem* » n'est sûrement pas de Cicéron : on attendrait *De Marc.* etc...

gratiarum actio, comme le montrent et les circonstances (au moment où Cicéron prend la parole César a déjà accordé le pardon et plusieurs sénateurs l'en ont déjà remercié), et le contenu du discours, et les termes dont l'orateur se sert dans une lettre à Sulpicius pour lui faire part de son intervention [1].

Jusqu'à la fin du XVIIIe siècle le *pro Marcello* a été tenu pour le modèle de l'art oratoire ; puis l'admiration a fait place à la critique, au point que l'authenticité même de l'œuvre a été mise en doute ; après des controverses qui ont duré tout le XIXe siècle [2], on peut dire qu'il ne subsiste aucune raison, ni de fond ni de forme, pour justifier les soupçons : les imperfections ou anomalies qu'on peut relever dans ce discours s'expliquent par le fait même qu'il a été improvisé et par l'émotion que l'orateur a pu sentir en lui-même et deviner dans l'assistance devant la décision subite de César. Sans doute, comme pour tous les autres discours, nous n'avons pas à l'état pur le texte même des paroles prononcées, mais une rédaction faite après coup soit en révisant les notes des tachygraphes, soit d'après les souvenirs encore frais de l'orateur ; cependant celui-ci n'a pas pu ne pas conserver dans le texte publié l'essentiel des idées, du mouvement général et aussi de la forme, surtout pour une intervention qui, par son caractère sensationnel, avait sûrement attiré l'attention du monde politique et de la haute société. On peut donc dire que les défauts sont eux-mêmes plutôt une preuve d'authenticité, notamment les répétitions si abondantes, la logique non point toujours très rigoureuse, l'abus des procédés de la rhétorique banale, le manque de tact et de mesure, tous défauts tellement cicéroniens !

Reconnaissons que l'orateur était dans une situation difficile : il ne pouvait sortir du silence qu'il s'était imposé,

1. *Ad Fam.*, IV, 4, 4 : « Itaque pluribus uerbis egi Caesari gratias... »

2. L'ensemble de la question a été traité par H. Schwanke, *De Ciceronis quae fertur orat. pro Marc. quid statuendum esse uideatur*, Bromberg, 1885, et par S. Schmid, *Untersuchung über die Frage der Echtheit der Rede pro Marc.*, Zurich, 1888 ; cf. *Jahresb. f. klass. Altertumsw.*, 1877, II, 248, 1886, II, 258, 1889, II, 224.

seule marque possible d'opposition dans un régime de dictature, que par un courage stérile ou par un ralliement total. On eût cependant souhaité, dans l'expression de ses sentiments de dernière heure, un peu plus de dignité et de retenue ; s'il ne pouvait évoquer en toute franchise les événements de la guerre civile, il aurait pu s'abstenir d'en parler ; il aurait pu éviter, Pompée vaincu et mort, de faire un parallèle entre lui et César ; il aurait pu, surtout à propos d'un homme tel que Marcellus qui avait tout sacrifié à ses convictions, ne point passer sous silence les principes qui, chez certains républicains, avaient déterminé leur choix dans la lutte, et ne pas laisser croire que cette lutte elle-même se ramenait pour tous les partisans au simple choc de deux ambitions individuelles : certains de ses anciens amis avaient eu autre chose en vue que le ralliement aveugle à un chef de clan.

Mais on ne peut oublier non plus que, tout en étant un remerciement pour une cause déjà gagnée, cette allocution avait aussi pour but, intéressé ou non, d'affermir César dans son attitude de clémence, en vue d'autres causes à gagner ; en outre c'était la première fois que, ancien adversaire non encore officiellement rallié, il prenait la parole en public devant le dictateur et, ignorant jusqu'où s'étendait la liberté dans le nouveau régime, il pouvait craindre d'en franchir les limites. De plus une émotion vraiment ressentie — car les sentiments humains sont rarement simples — a pu aider à ce débordement d'enthousiasme chez un homme qui se livrait si vite à ses impressions et les traduisait souvent, bonnes ou mauvaises, avec si peu de mesure. Enfin les réconciliations ne sont-elles pas propices aux illusions et aux démonstrations excessives ? Cicéron écrivait à Sulpicius à propos de cette séance[1] : « Ce jour m'a paru si beau que j'ai cru y voir comme le reflet d'une nouvelle aurore de la République ! », naïveté qui porterait témoignage en faveur d'une sincérité partielle, si elle n'étonnait jusqu'à l'invraisemblance chez un politicien de son rang et de son âge. G. Boissier[2]

1. *Ad Fam.*, IV, 4, 3.
2. *Cicéron et ses amis*, pp. 289-290.

a voulu voir dans certaines phrases des regrets hardis et dans certains conseils des critiques non dépourvues de courage : quand on les regarde de près et les replace dans le contexte, on accepte difficilement ce point de vue, car d'un bout à l'autre le *pro Marcello* est un acte de ralliement au maître de Rome, et on y trouve Cicéron trop heureux de se donner à lui-même et de présenter aux autres des motifs qui devaient lui sembler des excuses ; celui dont il plaidait la cause déjà gagnée avait su être plus grand et rester plus digne. Quand on lit toutes ces protestations de dévouement à César, ces promesses de le défendre au prix même de la vie, on ne peut s'empêcher de penser à la joie que ce même Cicéron allait montrer, moins de deux ans plus tard, au lendemain des Ides de mars.

ANALYSE

Le discours *pro Marcello* comprend une introduction et deux parties d'à peu près égale étendue :

EXORDE (§§ 1-4 début).

La clémence de César envers Marcellus fait sortir Cicéron de son silence volontaire.

Ire PARTIE : LE PASSÉ (§§ 4 fin-20).

La gloire militaire de César est sans rivale ; mais sa clémence l'élève encore au-dessus de tous les conquérants (§§ 4-7). Ses exploits, si grands qu'ils soient, sont surpassés par la victoire qu'il vient de remporter sur une rancune justifiée ; cette victoire est la plus pure de toutes, car il ne la doit qu'à lui-même (§§ 8-12). La grâce accordée à Marcellus traduit l'opinion de César sur ses adversaires de la veille : ils ont été victimes d'une erreur et de la Fatalité, ils n'ont pas agi par ambition ou haine ; par sa clémence César prouve qu'il en fut de même pour lui (§§ 13-15). Si ses adversaires avaient été les plus forts, ils auraient été moins généreux que lui ; les dieux, qui ont tout fait, ont voulu le triomphe du plus digne. Que César jouisse de sa gloire en persévérant dans sa grandeur d'âme (§§ 16-20).

IIe PARTIE : L'AVENIR (§ 21-fin).

César a tort de craindre pour sa vie : il n'a plus d'ennemis, car ils sont tous morts ou sa générosité les a désarmés ; mais lui et tous ses amis doivent veiller sur ses jours, dont dépend le sort de Rome (§§ 21-23 début). Lui seul en effet peut relever l'État des suites de la guerre civile, rétablir l'ordre et l'union ; il n'a donc pas le droit de se dire las de la vie, sa tâche n'est pas achevée : sa gloire n'atteindra à l'immortalité que par la restauration de la patrie (§§ 23 fin-30 début). La guerre terminée, ceux qui ne désarment pas sont coupables ; tous les bons citoyens doivent se rallier à César, qui peut compter sur le dévouement absolu du Sénat (§§ 30 fin-32). L'orateur se dit l'interprète de la reconnaissance unanime pour une décision qui met aussi le comble à la générosité de César envers Cicéron personnellement (§§ 33-34).

SIGLA

A = Ambrosianus C. 29 part. inf. A, saec. X.
H = Harleianus 2682, olim Coloniensis, exemplar posterius, saec. XI.
V = Vossianus Lat. O 2, saec. XI.
α = AHV consensus.

B = Bruxellensis 5345, olim Gemblacensis, saec. XII.
D = Oxoniensis Dorvillianus 77, saec. XI.
E = Erfurtensis, nunc Berolinensis 252, saec. XII.
L = Harleianus 2716, saec. XI.
β = BDEL consensus.

a = Harleianus 4927 saec. XII.
h = Harleianus 2682, exemplar prius, saec. XI.
m = Mediceus XLV plut. L, saec. XI.
γ = *ahm* consensus.

ALLOCUTION A CÉSAR SUR LE RAPPEL DE MARCELLUS[1]

Exorde. I 1 Un long silence, pères conscrits, avait été ces derniers temps ma règle [2] ; ce n'était pas de la crainte, mais de la douleur et de la réserve ; ce jour y a mis fin en même temps qu'il a pour la première fois donné à mes désirs et à mes sentiments la libre expression de jadis. Une telle mansuétude, une clémence si rare, si nouvelle, tant de modération au faîte d'un pouvoir absolu [3], une sagesse enfin si incroyable qu'elle en est plus qu'humaine, voilà ce qu'il ne m'est plus possible de passer sous silence.

2 Quand M. Marcellus vous est rendu, pères conscrits, ainsi qu'à la République, j'estime qu'avec l'autorité de sa parole c'est aussi l'autorité de la mienne qui est [conservée et] rendue, à vous et à la République. Je souffrais, pères conscrits, j'étais torturé à l'idée qu'un tel homme, pour avoir suivi la même cause que moi, connaissait une autre fortune ; je ne pouvais me persuader, je ne pouvais me croire en droit de rentrer dans une carrière qui nous avait été commune, sans cet émule, sans cet imitateur de mes études et de mes travaux, sans ce collaborateur, ce compagnon dont j'étais séparé. Ainsi donc, César, tu as à la fois rendu le champ libre à mon ancienne activité

1. Le titre traditionnel *Discours pour Marcellus*, qui n'est probablement pas de Cicéron, est impropre : il ne s'agit pas d'un plaidoyer *pour* Marcellus, mais d'un remerciement *à propos de* son rappel (cf. *Notice*, p. 29, n. 4).

2. Dans une lettre à son ami le juriste Ser. Sulpicius (cf. *Notice*, p. 29) Cicéron écrit peu de jours après : « Invité à donner mon avis, je changeai ma résolution ; j'avais en effet décidé, non faute d'énergie, mais en deuil de mon crédit perdu, de me taire pour toujours. » (*Ad Fam.*, IV, 4, 4).

3. A ce moment César était consul, dictateur pour dix ans, doté de la puissance tribunitienne à vie, *princeps senatus*, *imperator*, grand pontife, censeur pour trois ans (*Ad Fam.*, IX, 15, 5).

PRO M. MARCELLO ORATIO

I 1 Diuturni silenti, patres conscripti, quo eram his temporibus usus — non timore aliquo, sed partim dolore, partim uerecundia — finem hodiernus dies attulit, idemque initium quae uellem quaeque sentirem meo pristino more dicendi. Tantam enim mansuetudinem, tam inusitatam inauditamque clementiam, tantum in summa potestate rerum omnium modum, tam denique incredibilem sapientiam ac paene diuinam tacitus praeterire nullo modo possum. 2 M. enim Marcello uobis, patres conscripti, reique publicae reddito, non illius solum, sed etiam meam uocem et auctoritatem uobis et rei publicae [conseruatam ac] restitutam puto. Dolebam enim, patres conscripti, et uehementer angebar uirum talem, cum in eadem causa in qua ego fuisset, non in eadem esse fortuna, nec mihi persuadere poteram nec fas esse ducebam uersari me in nostro uetere curriculo, illo aemulo atque imitatore studiorum ac laborum meorum quasi quodam socio a me et comite distracto. Ergo et mihi meae pristinae uitae consuetudinem, C. Caesar, interclusam aperuisti, et his

1 praeterire nullo modo αγ : n. m. pr. β.
2 illius solum αβ : s. i. γ || meam uocem *HBDE* : uocem meam *L*γ uocem. *A* || uobis αγ : et uobis. β || restitutam α : conseruatam ac restitutam βγ || angebar αβ : angebar cum uiderem γ || qui *E*γ : qui cum *BDL* : qui cum α qui Eγ || fuisset α : -ssem β*am* -sse *h* || uetere *V*γ Prisc. *G.L.* II. 263, 14 : -ri *H*β *om.A* || et mihi meae *edd.* : mihi et meae *L* et mihi et meae *cett.*

interrompue, et pour tous les sénateurs tu as, si j'ose dire, donné le signal de la confiance en l'avenir de la République.

3 Ce que j'ai compris en plusieurs occasions et notamment dans mon propre cas, et ce que tous ont compris tout à l'heure quand tu as accordé Marcellus au Sénat et à la République, à l'instant même où tu venais d'évoquer tes griefs [1], c'est que l'autorité de cet ordre et la grandeur de la République l'emportent auprès de toi sur tes ressentiments ou tes soupçons. Quant à Marcellus, il a trouvé en ce jour la plus haute récompense de tout son passé en voyant s'ajouter à l'unanimité du Sénat [2] le poids de ta décision souveraine. Tu comprends ainsi quelle gloire il y a à donner, quand il y a tant d'honneur à recevoir. 4 Mais le grand bonheur de Marcellus c'est que son rappel ait causé presque autant de joie à ses concitoyens qu'il en ressentira lui-même. Bonheur qu'il a, en toute justice, bien mérité : où verrait-on quelqu'un qui par la naissance ou l'honnêteté, par la culture ou la pureté des mœurs, par n'importe quelle qualité enfin, lui soit supérieur ?

La vraie gloire de César est dans sa clémence.

II Il n'est pas de génie assez fécond, pas d'éloquence assez puissante ou de style assez riche pour arriver je ne dirai pas à rehausser, mais simplement à raconter, César, tes exploits. J'affirme cependant — et tu me le permettras — qu'il n'est pas un de tes titres de gloire qui surpasse celui que tu viens d'acquérir en ce jour.

1. A ceux qui imploraient la grâce César avait d'abord répondu en rappelant avec quel acharnement Marcellus avait, dans son consulat de 703, mené la lutte contre lui, tandis que l'autre consul, Sulpicius, avait gardé plus d'aménité et de souplesse. L'exilé était d'un caractère entier et sincère, une des rares figures respectables de l'époque.

2. Quand le cousin de l'exilé se jeta aux pieds de César pour demander le rappel, de nombreux sénateurs s'associèrent à ce geste et entourèrent le dictateur (*Ad Fam.*, IV, 4). Pour que le troupeau osât se compromettre en faveur d'un vaincu il fallait que la cause fût déjà gagnée.

omnibus ad bene de omni re publica sperandum quasi signum aliquod sustulisti.

3 Intellectum est enim mihi quidem in multis et maxime in me ipso, sed paulo ante [in] omnibus, cum M. Marcellum senatui reique publicae concessisti, commemoratis praesertim offensionibus, te auctoritatem huius ordinis dignitatemque rei publicae tuis uel doloribus uel suspicionibus anteferre. Ille quidem fructum omnis ante actae uitae hodierno die maximum cepit, cum summo consensu senatus, tum iudicio tuo grauissimo et maximo ; ex quo profecto intellegis quanta in dato beneficio sit laus, cum in accepto sit tanta gloria.

4 Est uero fortunatus ille cuius ex salute non minor paene ad omnis, quam ad ipsum uentura sit, laetitia peruenerit. Quod quidem ei merito atque optimo iure contigit ; quis enim est illo aut nobilitate aut probitate aut optimarum artium studio aut innocentia aut ullo in laudis genere praestantior ?

II Nullius tantum flumen est ingeni, nulla dicendi aut scribendi tanta uis tantaque copia, quae non dicam exornare, sed enarrare, C. Caesar, res tuas gestas possit. Tamen hoc adfirmo — et pace dicam tua — nullam in his esse laudem ampliorem quam eam quam hodierno die consecutus es.

2 de omni re p. βγ : omni *om.* α.
3 omnibus *Victorius* : in omn. *codd.* || uitae αβ*am* : aetatis *h om.* σ || tum αβ : tum præterea γ.
4 est : es *H* || ille β*a* : *om.* α*hm* || ipsum *Ernesti* : illum *codd.* || ei merito βγ : ei *om.* α || in laudis α : in *om.* βγ || nulla α*Bhm* : nulli *DELa* || tantaque α : tanta βγ || hoc adfirmo et pace αγ : adf. et hoc p. β.

5 Une vérité que souvent je me représente et que je ne me lasse pas de répéter, c'est que tous les exploits de nos généraux, tous ceux des nations étrangères et des peuples les plus puissants, tous ceux des rois les plus illustres, ne peuvent être comparés aux tiens, que ce soit pour la grandeur des entreprises, le nombre des combats, la variété des pays, la rapidité de l'exécution, la diversité des guerres ; et que sans doute personne n'a parcouru d'un pas plus rapide des contrées aussi distantes les unes des autres que celles qu'ont traversées je ne dirai pas tes courses, mais tes victoires [1]. 6 Si je ne proclamais pas que de telles prouesses défient la pensée ou l'imagination, je ne serais qu'un fou ; et pourtant, il y a plus grand encore. Les succès militaires ont souvent leurs détracteurs, qui retirent aux chefs et donnent à la troupe pour que les généraux n'en aient pas seuls la gloire [2]. C'est un fait qu'à la guerre la valeur des soldats, l'avantage de la position, l'appui des alliés, les flottes, les convois sont des facteurs de la victoire, sans compter la Fortune, qui en revendique la plus grande part et considère que le succès est presque entièrement son ouvrage [3].

7 Mais la gloire que tu viens d'acquérir, César, tu ne la partages avec personne ; tout entière, si grande qu'elle soit — et elle est immense — tout entière, dis-je, elle est à toi. De ces lauriers il n'est centurion, commandant, cohorte ni escadron qui puisse cueillir une feuille ; et la maîtresse des choses humaines, la Fortune elle-même renonce à demander une part de cette gloire, elle te la

1. On pense au communiqué de l'année 47 « *Veni, uidi, uici* ». De fait l'activité de César pendant la guerre civile fut prodigieuse : en février 49, au cœur même des événements, Cicéron lui rendait un hommage moins enthousiaste : « Le monstre fait preuve d'une endurance, d'une rapidité, d'une activité effroyables. » (*Ad Att.*, VII, 9, 4).

2. Euripide (*Andromaque*, 694-695) avait dit : « Quand une armée élève des trophées, ce n'est pas à ceux qui souffrent qu'on attribue l'ouvrage : c'est le général qui en a la gloire. »

3. Dans ses *Commentaires* César lui-même a plus d'une fois reconnu

5 Soleo saepe ante oculos ponere idque libenter crebris usurpare sermonibus, omnis nostrorum imperatorum, omnis exterarum gentium potentissimorumque populorum, omnis regum clarissimorum res gestas cum tuis nec contentionum magnitudine nec numero proeliorum nec uarietate regionum nec celeritate conficiendi nec dissimilitudine bellorum posse conferri, nec uero disiunctissimas terras citius passibus cuiusquam potuisse peragrari, quam tuis non dicam cursibus, sed uictoriis lustratae sunt.

6 Quae quidem ego nisi ita magna esse fatear, ut ea uix cuiusquam mens aut cogitatio capere possit, amens sim ; sed tamen sunt alia maiora. Nam bellicas laudes solent quidam extenuare uerbis, easque detrahere ducibus, communicare cum multis, ne propriae sint imperatorum. Et certe in armis militum uirtus, locorum opportunitas, auxilia sociorum, classes, commeatus multum iuuant ; maximam uero partem quasi suo iure Fortuna sibi uindicat et, quicquid est prospere gestum, id paene omne ducit suum. 7
At uero huius gloriae, C. Caesar, quam es paulo ante adeptus, socium habes neminem ; totum hoc, quantumcumque est, quod certe maximum est, totum est, inquam, tuum. Nihil sibi ex ista laude centurio, nihil praefectus, nihil cohors, nihil turma decerpit ; quin etiam illa ipsa rerum humanarum domina, Fortuna, in istius se societatem gloriae non offert, tibi cedit,

5 regum clar. αγ : clar. regum β || lustratae β : illustr- αγ.

6 ita αγ : tam β || sibi uindicat β*hm* : sibi *om. αa* || est prospere gestum αγ : prospere gestum est β.

7 C. : *om. αa* || se *post* istius αγ : *post* gloriae β.

cède, elle confesse que tout entière elle te revient ; jamais en effet le hasard ne collabore avec la sagesse et la chance n'est admise aux conseils de la réflexion.

III 8 Tu as dompté des nations barbares et cruelles [1], populations innombrables aux territoires immenses, aux ressources inépuisables ; mais si tu les as vaincues, c'est qu'elles portaient en elles, dans leur destin, des possibilités de défaite : il n'est force si grande que ne puissent affaiblir et briser le fer et la force. Mais vaincre son cœur, réprimer sa colère, épargner un vaincu, et, non content de relever de sa chute un adversaire qu'illustrent sa naissance, son esprit, son mérite, ajouter encore à son autorité première, faire cela, c'est faire plus, selon moi, que les plus grands héros, c'est s'égaler à la divinité [2].

9 Aussi, César, ta gloire militaire sera sans doute célébrée non seulement chez nous, mais dans presque toutes les langues et littératures du monde [3], et les générations futures ne tariront pas sur ton éloge ; mais dans l'histoire guerrière, je ne sais pourquoi, même à la lecture, il semble que retentissent, assourdissants, les cris des soldats et le son de la trompette. Imaginons au contraire un acte de clémence, de bonté, de justice, de modération, de sagesse, surtout accompli dans la colère, cette ennemie de la réflexion, ou dans la victoire, excessive et cruelle par essence : à l'entendre rapporter ou à le lire, l'enthousiasme nous enflamme, que ce soit un fait réel ou une

sa dette envers la Fortune, ce qui était une façon pour lui de faire remarquer l'intérêt qu'elle lui portait.

1. Cicéron évoque ainsi plutôt les Gaulois, Belges, Bretons et Germains que les Espagnols ou les Africains : les peuples nordiques, leur pays, leur climat. leur éloignement avaient pour ces méditerranéens quelque chose de mystérieux et d'effrayant.

2. Les victoires de César ne sont rien, comparées à celle qu'il a su remporter sur lui-même en n'abusant pas de son triomphe dans la guerre civile ; avec beaucoup de tact ce triomphe est tout juste évoqué par les mots *vaincus* et *adversaires*.

3. Pour une fois la flatterie d'un contemporain et la rhétorique ont vu juste et devancé le jugement de l'Histoire.

tuam esse totam et propriam fatetur ; numquam enim temeritas cum sapientia commiscetur neque ad consilium casus admittitur.

III 8 Domuisti gentis immanitate barbaras, multitudine innumerabilis, locis infinitas, omni copiarum genere abundantis ; ea tamen uicisti, quae et naturam et condicionem ut uinci possent habebant ; nulla est enim tanta uis quae non ferro et uiribus debilitari frangique possit. Animum uincere, iracundiam cohibere, uicto temperare, aduersarium nobilitate, ingenio, uirtute praestantem non modo extollere iacentem, sed etiam amplificare eius pristinam dignitatem, haec qui faciat, non ego eum cum summis uiris comparo, sed simillimum deo iudico.

9 Itaque, C. Caesar, bellicae tuae laudes celebrabuntur illae quidem non solum nostris, sed paene omnium gentium litteris atque linguis, neque ulla umquam aetas de tuis laudibus conticescet ; sed tamen eius modi res nescio quo modo etiam cum leguntur, obstrepi clamore militum uidentur et tubarum sono. At uero cum aliquid clementer, mansuete, iuste, moderate, sapienter factum, in iracundia praesertim, quae est inimica consilio, et in uictoria, quae natura insolens et superba est, audimus aut legimus, quo studio incendimur, non modo in gestis rebus, sed

7 tuam *αhm* : tuam se β (se *sup. lin. D*) *a*.

8 ea tamen αγ : sed tamen ea β || tanta uis αβ : tanta uis tanta copia γ || uicto *αD* : uictum *hm* uictoriam *BELa* || faciat αγ : -it β.

9 obstrepi... sono *H*βγ : obstrepit clamor mil. et tub. soni *A* obstrepit clamor· mil. uidentur et tub. soni *V* || insolens βγ : et ins. α || audimus αβ : aut aud. γ.

fiction, jusqu'à nous faire aimer souvent des êtres que nous n'avons jamais vus.

10 Alors pour toi, qui vis sous nos yeux, dont nous voyons que l'esprit et la volonté ne tendent qu'à conserver à la République tout ce que le sort de la guerre lui a laissé, en quels termes t'exalterons-nous, quel enthousiasme suivra tes pas, de quel amour saurons-nous t'entourer ? Jusqu'aux murs de cette salle qui, par ma foi, me semblent tressaillir pour te remercier de ce que bientôt ils verront l'autorité d'un Marcellus reprendre ici sa place, où siégèrent ses ancêtres.

IV. Pour moi, quand je vis tout à l'heure, comme vous, les larmes de C. Marcellus [1], ce parfait citoyen, ce modèle de dévouement familial, le souvenir de tous les Marcellus envahit mon cœur ; en conservant Marcus, tu leur as rendu, même par delà la mort, tout leur prestige, et tu as sauvé pour ainsi dire du néant une illustre famille déjà réduite à quelques descendants.

11 Ce jour donc, tu le places au-dessus de tes magnifiques et innombrables triomphes [2], et à bon droit. Car c'est là l'ouvrage de César seul ; tout ce que tu as accompli comme général fut certes grand, mais combien de valeureux compagnons y ont coopéré ! Ici, c'est toi le chef, toi aussi le soldat ; et la chose est si grande que, le temps ferait-il disparaître tes trophées et tes monuments [3] — car il n'est pas d'œuvre humaine que l'âge tôt ou tard

1. C. Claudius Marcellus, cousin (à ne pas confondre avec son homonyme, frère de l'exilé) ; cf. *Notice*, p. 26. Il eut pour femme Octavie, sœur d'Octave, et pour fils M. Claudius Marcellus, mort à dix-neuf ans, idole des Romains, chanté par Virgile « *Tu Marcellus eris.* » (*Enéide*, VI, 883).

2. Allusion aux fêtes d'actions de grâces, *supplicationes*, décrétées par le Sénat à l'occasion de grandes victoires : on ouvrait les temples, on exposait sur des lits les statues des dieux. César vit célébrer par quinze jours de fêtes sa victoire sur les Belges ; par vingt jours celle sur les Bretons et celle sur Vercingétorix ; par quarante jours la fin de la guerre d'Afrique, bien que les généraux ne dussent pas être récompensés à la fin des guerres civiles : mais on était en 46.

3. Cf. *Pro rege Deiotaro*, XII, 34.

etiam in fictis, ut eos saepe quos numquam uidimus diligamus.

10 Te uero, quem praesentem intuemur, cuius mentem sensusque e*o*s cernimus ut, quicquid belli fortuna reliquum rei publicae fecerit, id esse saluum uelis, quibus laudibus efferemus, quibus studiis prosequemur, qua beneuolentia complectemur ? Parietes, me dius fidius, ut mihi uidetur, huius curiae tibi gratias agere gestiunt, quod breui tempore futura sit illa auctoritas in his maiorum suorum et suis sedibus.

IV Equidem cum C. Marcelli, uiri optimi et commemorabili pietate praediti, lacrimas modo uobiscum uiderem, omnium Marcellorum meum pectus memoria obfudit, quibus tu etiam mortuis M. Marcello conseruato dignitatem suam reddidisti, nobilissimamque familiam iam ad paucos redactam paene ab interitu uindicasti.

11 Hunc tu igitur diem tuis maximis et innumerabilibus gratulationibus iure anteponis. Haec enim res unius est propria C. Caesaris ; ceterae duce te gestae magnae illae quidem, sed tamen multo magnoque comitatu. Huius autem rei tu idem dux es et comes ; quae quidem tanta est ut tropaeis et monumentis tuis adlatura finem sit aetas — nihil est enim opere et manu factum, quod non conficiat et consumat

10 eos *Faernus* : et os *codd.* || uidentur *HVm et* SACERDOS I 166 : uidetur *Aβah* || obfudit *αBELa* : eff- *Dhm* || iam *αγ* : *om.*β.

11 igitur β*ah* : *om.αm* || anteponis *αβa* : -nes *hm* || C : *om.* α || dux es α : es et dux β et dux es γ || ut tropaeis *αm* : ut nulla tr. β*ah* || non α LACT. *Inst. diu.* VI. 11, 25 *Schol.* LUCANI *Phars. VI.* 20 : non aliquando βγ.

ne détruise et n'anéantisse —, **12** ta justice, elle, et ta bonté brilleront chaque jour avec plus d'éclat ; et ce que les années enlèveront à tes monuments, elles l'ajouteront à ta gloire. Tu avais sans conteste déjà surpassé tous les vainqueurs de guerres civiles par ta justice et ta modération [1] : aujourd'hui tu as su te surpasser toi-même. Je crains que ce que je vais dire ne rende pas exactement pour mes auditeurs tout ce que je sens dans ma pensée ; tu me sembles être vainqueur de ta victoire même, par ton renoncement en faveur des vaincus aux droits qu'elle t'avait donnés. Car tandis que la loi de la victoire aurait pu nous condamner à périr tous dans notre défaite, c'est ta clémence qui décréta notre salut. Tu es donc bien, et toi seul [2], l'invincible, toi qui sus triompher de la victoire même, et de la brutalité de sa loi.

Ce que montre la grace de Marcellus. V **13** Maintenant, pères conscrits, remarquez toute la portée de cette décision de César. Nous tous qui avons été jetés dans ce camp par je ne sais quelle fatalité lamentable et pour le malheur de la République, si l'on peut nous reprocher de nous être trompés, comme des hommes, nous voilà du moins innocentés de tout crime. Quand en effet César, touché par vos prières, a conservé Marcellus à la République ; quand, prévenant toutes les prières [3], il m'a rendu à moi-même et aussi à la République, comme il a rendu à eux-mêmes et au pays tant d'autres citoyens illustres, dont vous voyez le nombre et l'influence jusque dans cette assemblée, ce ne sont pas des ennemis qu'il a introduits dans le Sénat : il a jugé que la plupart d'entre nous s'étaient lancés dans la guerre par ignorance, par crainte

1. La correspondance de Cicéron (*Ad Att.*, VII, 7, 7 ; 20, 2 ; 22, 1) montre qu'il avait craint le renouvellement des proscriptions de Cinna et de Sylla.

2. Seul de tous les vainqueurs de guerres civiles ; seul à en avoir le mérite, pour n'avoir pas écouté les conseils de vengeance donnés par les amis.

3. Cependant son gendre Dolabella avait servi de négociateur entre César et lui pour sa rentrée en Italie (*Ad Att.*, XI, 7, 2).

uetustas —, 12 at haec tua iustitia et lenitas florescet cotidie magis ; ita quantum operibus tuis diuturnitas detrahet, tantum adferet laudibus. Et ceteros quidem omnis uictores bellorum ciuilium iam antea aequitate et misericordia uiceras ; hodierno uero die te ipse uicisti. Vereor ut hoc quod dicam perinde intellegi possit auditu atque ipse cogitans sentio ; ipsam uictoriam uicisse uideris, cum ea quae illa erat adepta uictis remisisti. Nam cum ipsius uictoriae condicione omnes iure uicti occidissemus, clementiae tuae iudicio conseruati sumus. Recte igitur unus inuictus es, a quo etiam ipsius uictoriae condicio visque deuicta est.

V 13 Atque hoc C. Caesaris iudicium, patres conscripti, quam late pateat adtendite. Omnes enim qui ad illa arma fato sumus nescio quo rei publicae misero funestoque compulsi, etsi aliqua culpa tenemur erroris humani, ab scelere certe liberati sumus. Nam cum M. Marcellum deprecantibus uobis rei publicae conseruauit, me et mihi et item rei publicae, nullo deprecante, reliquos amplissimos uiros et sibi ipsos et patriae reddidit, quorum et frequentiam et dignitatem hoc ipso in consessu uidetis, non ille hostis induxit in curiam, sed iudicauit a plerisque ignora-

12 lenitas *αa* : len. animi *βhm* || florescet *αγ* : -it *β* || ita *α* : ita ut *βγ* || operibus tuis *αγ* : t. op. *β* || adferet *AHDLm* : adfert *V* adferat *BEah* || antea *α* : ante *βγ* || ipse *α* : ipsum *βγ* || quae illa erat adepta *βγ* : quae erat (erant *H*) adepta *α* quae erant adempta *Madvig* || condicione omnes iure *m* : cond. iure omnes *αah* cond. omnes *β*.

13 ab scelere *αγ* : ab *om.* *β* || a plerisque... falso *Hβγ* : plerosque... falsos *AV*.

vaine et chimérique plutôt que par ambition ou cruauté.

14 Au cours même de la guerre j'ai toujours été d'avis qu'on prêtât l'oreille à la voix de la paix, et j'ai toujours souffert de voir repousser non seulement la paix mais aussi les instances de ceux qui la réclamaient [1]. Car, pour moi [2], je n'ai pris part ni alors, ni jamais à aucune guerre civile, mes conseils furent toujours les alliés de la paix et du droit, non de la guerre et de la violence. J'ai suivi dans Pompée un ami, non un chef, et dans mon cœur reconnaissant [3] la fidélité du souvenir était si forte que sans aucun intérêt, et même sans espoir, en toute connaissance de cause, je me suis comme rué volontairement à ma perte. **15** Je n'ai point caché ma façon de voir : ici même, quand il était temps encore, j'ai longuement plaidé pour la paix, et en pleine guerre, même au péril de ma vie, je n'ai pas changé d'opinion. Dès lors, nul critique, si partial soit-il, ne pourra douter de l'intention de César dans cette guerre, en le voyant empressé à sauver les partisans de la paix tandis qu'il a montré plus de ressentiment contre les autres. Pareille conduite n'avait peut-être rien d'étonnant, quand l'issue du conflit était douteuse et la fortune incertaine ; mais, une fois vainqueur, accorder sa sympathie à ceux qui voulaient la paix, c'est prouver qu'on eût mieux aimé ne pas combattre qu'être vainqueur.

VI **16** Et sur ce point, je me porte garant de M. Marcellus : nos sentiments, toujours d'accord pendant

1. Au premier rang desquels il se comptait, à juste titre d'ailleurs, comme la suite le montre.

2. Très habilement l'orateur introduit sa propre justification : devant César du soutien apporté à Pompée ; et de son ralliement à la dictature devant ceux qui pouvaient le lui reprocher. Ses affirmations sont d'ailleurs conformes aux faits.

3. C'était surtout à Pompée que Cicéron devait son rappel en 697-57 de l'exil auquel Clodius l'avait fait condamner. Cette reconnaissance envers Pompée ne pouvait aller sans une certaine rancune contre César qui, pour le moins, avait lâché la bride à Clodius.

tione potius et falso atque inani metu quam cupiditate aut crudelitate bellum esse susceptum.

14 Quo quidem in bello semper de pace audiendum putaui, semperque dolui non modo pacem, sed etiam orationem ciuium pacem flagitantium repudiari. Neque enim ego illa nec ulla umquam secutus sum arma ciuilia, semperque mea consilia pacis et togae socia, non belli atque armorum fuerunt. Hominem sum secutus priuato officio, non publico, tantumque apud me grati animi fidelis memoria ualuit ut nulla non modo cupiditate, sed ne spe quidem prudens et sciens tamquam ad interitum ruerem uoluntarium.

15 Quod quidem meum consilium minime obscurum fuit ; nam et in hoc ordine integra re multa de pace dixi, et in ipso bello eadem etiam cum capitis mei periculo sensi. Ex quo nemo erit tam iniustus rerum existimator qui dubitet, quae Caesaris de bello uoluntas fuerit, cum pacis auctores conseruandos statim censuerit, ceteris fuerit iratior. Atque id minus mirum fortasse tum cum esset incertus exitus et anceps fortuna belli ; qui uero uictor pacis auctores diligit, is profecto declarat maluisse se non dimicare quam uincere.

VI **16** Atque huius quidem rei M. Marcello sum testis ; nostri enim sensus ut in pace semper,

14 audiendum *αEm* : agendum aud. *BDL* agendum audiendumque *ah*.

15 nam et *Hβγ* : tamen *AV* || integra re βγ : integrare *H* integre *AV* || capitis mei αβ : partis meae γ || erit tam αγ : iam erit tam β || rerum existimator αγ : e.r·β || mirum fortasse *αBDL* : f.m. *E* m. uideretur (-detur *h*) f.γ || maluisse se αγ : se m.β.

16 M. Marcello αγ : M.*om.* β.

la paix, l'étaient aussi pendant la guerre[1]. Que de fois j'ai vu sa douleur devant l'intransigeance de certains, son appréhension des fureurs que déchaînerait la victoire elle-même[2]. Aussi comme ta générosité doit mieux nous toucher, César, nous qui avons vécu ces heures-là ! Car ce ne sont plus les causes, ce sont les victoires qu'il faut comparer. **17** Nous avons vu la tienne se borner au champ de bataille, nous n'avons pas vu une épée hors du fourreau dans Rome. Ceux que nous avons perdus, c'est la fureur de Mars qui les a frappés, non la colère du vainqueur ; et sans aucun doute, César, s'il le pouvait, en rappellerait beaucoup de l'autre monde, puisqu'il sauve tous ceux du même camp qu'il peut sauver. Quant à l'autre parti, je me contenterai de rappeler la crainte que nous y avions tous d'un excès de fureur dans sa victoire. **18** On y menaçait non seulement les adversaires en armes, mais parfois aussi les neutres ; on devait, d'après certains, examiner non ce que les gens avaient pensé, mais où ils s'étaient trouvés ! [3]. Aussi me semble-t-il que si les dieux immortels ont voulu faire expier quelque faute au peuple romain en lui suscitant une guerre civile si terrible et si douloureuse, apaisés aujourd'hui ou enfin rassasiés, ils ont remis tout l'espoir de notre salut à la clémence et à la sagesse d'un tel vainqueur. **19** Félicite-toi donc d'un si prestigieux avantage, jouis de ton bonheur, de ta gloire, et surtout de tes qualités naturelles : il n'est pas de récompense ni de plaisir supérieurs pour le sage. Quand tu te rappelleras tes autres

1. Formule plus brève qu'exacte (cf. *Notice*, pp. 24-26).

2. Cf. César : au camp de Pompée « on se disputait ouvertement distinctions et sacerdoces, on répartissait pour plusieurs années le consulat, d'autres réclamaient les maisons et propriétés des césariens... Chacun ne se souciait que d'avancement, d'argent ou de rancunes personnelles ; on pensait non aux moyens d'obtenir la victoire, mais aux profits qu'on devait en tirer » (*B. Ciu.* 82, 3 ; 83, 4).

3. « L. Domitius déclara qu'on devrait après la guerre donner trois

sic tum etiam in bello congruebant. Quotiens ego eum et quanto cum dolore uidi cum insolentiam certorum hominum, tum etiam ipsius uictoriae ferocitatem extimescentem. Quo gratior tua liberalitas, C. Caesar, nobis, qui illa uidimus, debet esse; non enim iam causae sunt inter se, sed uictoriae comparandae.

17 Vidimus tuam uictoriam proeliorum exitu terminatam, gladium uagina uacuum in urbe non uidimus. Quos amisimus ciuis, eos Martis uis perculit, non ira uictoriae, ut dubitare debeat nemo quin multos, si posset, C. Caesar ab inferis excitaret, quoniam ex eadem acie conseruat quos potest. Alterius uero partis nihil amplius dico quam, id quod omnes uerebamur, nimis iracundam futuram fuisse uictoriam.

18 Quidam enim non modo armatis sed interdum etiam otiosis minabantur, nec quid quisque sensisset, sed ubi fuisset, cogitandum esse dicebant, ut mihi quidem uideantur di immortales, etiam si poenas a populo Romano ob aliquod delictum expetiuerunt, qui ciuile bellum tantum et tam luctuosum excitauerunt, uel placati iam uel satiati aliquando omnem spem salutis ad clementiam uictoris et sapientiam contulisse.

19 Quare gaude tuo isto tam excellenti bono et fruere cum fortuna et gloria, tum etiam natura et moribus tuis, ex quo quidem maximus est fructus iucunditasque sapienti. Cetera cum tua recordabere, etsi persaepe

16 certorum *Em* : ceterorum *cett.* || illa αγ : illam β || iam *αah* : tam *m*, *om.*β.

17 Martis uis β*am* : uis M. *αh* || si posset α : si fieri p. βγ || dico αγ : -am β.

exploits, tu en rapporteras le mérite souvent à ta valeur, plus souvent encore à ta chance ; mais tu ne pourras penser à nous, dont tu as voulu la présence à tes côtés dans la République, sans penser aussitôt à tes inappréciables bontés, à ton incroyable générosité, à ta sagesse sans égale : ce sont là les plus grands, j'oserai même dire les seuls biens de l'homme. Tel est en effet l'éclat de la vraie valeur, telle est la majesté d'une grande âme et d'une haute pensée, qu'elles seules paraissent des dons de la Vertu, le reste n'étant qu'un prêt de la Fortune.

20 Ne te lasse donc pas de sauver de bons citoyens, qui n'ont pas failli par ambition ou perversité, qui ont cru à un devoir peut-être mal compris, mais à coup sûr honnête, et qui se sont fait illusion sur l'intérêt général ; car tu n'es en rien responsable si quelques-uns ont craint ta vengeance, et c'est, par contre, ton plus beau titre de gloire que d'autres aient pensé ne rien avoirà redouter de toi.

L'avenir de Rome repose sur la vie de César.

VII **21** J'en arrive maintenant à ce qui est pour toi le sujet de plaintes si graves et de si horribles soupçons, qui doivent inciter à la vigilance, au moins autant que toi-même, tous les citoyens, et nous d'abord, qui te devons la vie ; je veux les croire sans fondement, mais je me garderai de les minimiser : ta sûreté est notre sûreté, et s'il faut exagérer dans un sens, j'aimerais mieux pécher par excès de timidité que par manque de prévoyance. Mais qui serait donc assez fou... ? Un des tiens... ? — et qui est plus « tien » que ceux à qui tu rendis la vie alors qu'ils en désespéraient ? — Serait-ce un de ceux

bulletins pour les jugements aux sénateurs qui auraient fait campagne dans les rangs pompéiens, pour juger ceux qui seraient restés à Rome et ceux qui se seraient trouvés en territoire occupé par Pompée sans coopérer aux opérations militaires : un bulletin serait pour l'acquittement, un second pour la condamnation à mort, un troisième pour les amendes » (*B. Ciu.* III, 83, 3).

uirtuti, tamen plerumque felicitati tuae gratulabere ; de nobis, quos in re publica tecum simul esse uoluisti, quotiens cogitabis, totiens de maximis tuis beneficiis, totiens de incredibili liberalitate, totiens de singulari sapientia cogitabis ; quae non modo summa bona, sed nimirum audebo uel sola dicere. Tantus est enim splendor in laude uera, tanta in magnitudine animi et consili dignitas, ut haec a Virtute donata, cetera a Fortuna commodata esse uideantur.

20 Noli igitur in conseruandis uiris bonis defetigari, non cupiditate praesertim aliqua aut prauitate lapsis, sed opinione offici stulta fortasse, certe non improba, et specie quadam rei publicae ; non enim tua ulla culpa est si te aliqui timuerunt, contraque summa laus quod minime timendum fuisse senserunt.

VII **21** Nunc uenio ad grauissimam querelam et atrocissimam suspicionem tuam, quae non tibi ipsi magis quam cum omnibus ciuibus, tum maxime nobis, qui a te conseruati sumus, prouidenda est ; quam etsi spero falsam esse, numquam tamen extenuabo ; tua enim cautio nostra cautio est, ut, si in alterutro peccandum sit, malim uideri nimis timidus quam parum prudens. Sed quisnam est iste tam demens ? De tuisne ? — tametsi qui magis sunt tui quam quibus tu salutem insperantibus reddidisti ? — anne ex

19 simul αβ : saluos γ || sapientia αβ : tua *add.* γ || est α*DEL* : *om.* Bγ.
20 uiris bonis αγ : b. u. β || specie αβ*a* : facie *h* face *m* || ulla culpa αβ : c.u. γ.
21 numquam tamen αγ : t.n.β || extenuabo αβ : uerbis *add.* γ || ut si *AV*βγ : quod si H, PRISCIAN. II 226 || anne ex eo *Clark* : anexeone *V* ex eone ex *A* axeneone *H* an ex eo γ an ex hoc β.

qui t'ont suivi ? On ne peut supposer qu'un homme soit assez dément pour ne pas tenir plus à la vie d'un chef qui a comblé tous ses vœux qu'à la sienne propre. Si tes amis sont purs de toute intention criminelle, dois-tu craindre tes ennemis ? Où sont-ils ? Tous ceux qui le furent ont perdu la vie par leur obstination [1], ou l'ont conservée par ta clémence : tes ennemis sont morts ou sont devenus tes plus fidèles amis [2].

22 Cependant il y a dans le cœur humain tant de coins d'ombre, tant de replis cachés ! Fortifions tes soupçons pour fortifier du même coup ta vigilance. Mais est-il un seul homme assez ignorant de la situation, assez étranger à la vie publique, assez inconscient de son intérêt particulier comme de l'intérêt général, pour ne pas comprendre que son destin est solidaire du tien, et que de la vie de César seul dépendent toutes les autres vies ? Pour moi qui, jour et nuit, comme c'est mon devoir, pense à toi, je ne redoute que les risques de la condition humaine, les aléas de la santé, le fragilité de notre commune nature, et je souffre à l'idée que la patrie, qui doit être immortelle, soit suspendue au souffle d'un unique mortel [3]. **23** Mais si aux risques de la condition humaine et aux aléas de la santé s'ajoutent encore les complots criminels et les guets-apens, quel dieu, quand il le voudrait, pourrait protéger notre patrie ?

VIII C'est à toi, César, à toi seul à relever tout ce que tu sais que la guerre a ruiné, tout ce que son inévi-

1. Évidemment, aux yeux des habiles qui ont su se blanchir en ralliant à temps le vainqueur probable, ceux qui restent fidèles à une cause perdue sont des « obstinés » ; allusion indélicate à ceux qui résistèrent en Afrique, comme Caton.

2. Cicéron comptait sans la résistance en Espagne, qui allait obliger César à une nouvelle et dure campagne de six mois (bataille de Munda : mars 45).

3. On peut à la rigueur voir dans ces paroles une critique voilée de la dictature. Il est intéressant pour tout ce passage de se reporter à Suétone (*Vie de César*, XLV, LXXV, LXXXVI) et aussi d'évoquer l'attitude de Cicéron exultant de joie après le meurtre de César.

eo numero qui una tecum fuerunt ? Non est credibilis tantus in ullo furor ut, quo duce omnia summa sit adeptus, huius uitam non anteponat suae. An, si nihil tui cogitant sceleris, cauendum est ne quid inimici ? Qui ? omnes enim qui fuerunt aut sua pertinacia uitam amiserunt aut tua misericordia retinuerunt, ut aut nulli supersint de inimicis aut qui fuerunt sint amicissimi.

22 Sed tamen cum in animis hominum tantae latebrae sint et tanti recessus, augeamus sane suspicionem tuam ; simul enim augebimus diligentiam. Nam quis est omnium tam ignarus rerum, tam rudis in re publica, tam nihil umquam nec de sua nec de communi salute cogitans qui non intellegat tua salute contineri suam et ex unius tua uita pendere omnium ? Equidem de te dies noctesque, ut debeo, cogitans casus dumtaxat humanos et incertos euentus ualetudinis et naturae communis fragilitatem extimesco doleoque, cum res publica immortalis esse debeat, eam in unius mortalis anima consistere. **23** Si uero ad humanos casus incertosque motus ualetudinis sceleris etiam accedit insidiarumque consensio, quem deum, si cupiat, posse opitulari rei publicae credimus ?

VIII Omnia sunt excitanda tibi, C. Caesar, uni, quae iacere sentis belli ipsius impetu, quod necesse

21 qui fuerunt αβ · qui superf- γ.
22 communi αβ : omnium *hm* communi omnium *a* || qui non intell. *H*βγ : quin i.*AV* || omnium βγ : omnia α *et Schol.* Lucani *V.* 686.|| fragilitatem: -tẽs *H*.
23 accedit αβ : -at γ || credimus α : -amus βγ.

table brutalité a ébranlé et renversé [1]; à réorganiser la justice [2], rétablir le crédit [3], réfréner les passions [4], favoriser la repopulation [5], opposer au désordre et à la déliquescence générale les liens sévères de la légalité. **24** On ne pouvait empêcher dans une pareille guerre civile, dans l'ardeur de la lutte et l'échauffement des esprits, que la République ébranlée, quelle que fût l'issue du conflit, ne perdît bien des éléments de sa grandeur et de sa stabilité, et que les deux chefs ne fissent sous les armes bien des choses que sous la toge ils auraient interdites. Toutes ces plaies ouvertes par la guerre, c'est à toi de les cicatriser, car nul autre que toi ne saurait les guérir.

25 Aussi ne t'ai-je entendu qu'avec douleur dire cette parole si belle de sagesse : « J'ai bien assez vécu pour la nature comme pour ma gloire ! » Assez peut-être, si tu y tiens, pour la nature ; j'ajouterai même, si tu le veux, pour ta gloire ; mais, et c'est là l'essentiel, pour la patrie certainement trop peu. Laisse donc, je t'en prie, à la triste sagesse des philosophes le mépris de la mort, ne sois pas un sage au risque de notre perte. Plus d'une fois il m'est revenu que trop fréquemment tu déclares avoir bien assez vécu [pour toi] ! Je te crois ; mais je ne l'accepterais que si tu vivais pour toi seul, ou si pour toi seul aussi tu étais né. C'est la vie de tous les citoyens, c'est tout l'État qui dépendent de tes actes ; loin d'avoir achevé le grand œuvre que tu médites, tu n'en as pas encore jeté les bases. Et c'est à ce moment que pour

1. Sur l'œuvre de restauration accomplie par César voir Suétone (*o. c.*, XL-XLIV) et Dion Cassius (XLIII, 25).

2. Dès 46 les tribunaux furent réorganisés par une *Lex Iulia iudiciaria*.

3. La situation économique et financière de Rome et de l'Italie avait déjà amené César à prendre en 49 diverses mesures importantes ; à en juger par ce passage, il semble qu'elles n'aient pas été suffisantes.

4. Il faut entendre par là les excès de luxe pour la table, le mobilier, la toilette, les bijoux etc. ; à diverses époques il y avait eu des lois somptuaires, cette année 46 en vit une de plus.

5. César établit des allocations aux familles nombreuses et interdit

fuit, perculsa atque prostrata ; constituenda iudicia, reuocanda fides, comprimendae libidines, propaganda suboles, omnia quae dilapsa iam diffluxerunt seueris legibus uincienda sunt. **24** Non fuit recusandum in tanto ciuili bello, tanto animorum ardore et armorum, quin quassata res publica, quicumque belli euentus fuisset, multa perderet et ornamenta dignitatis et praesidia stabilitatis suae, multaque uterque dux faceret armatus, quae idem togatus fieri prohibuisset. Quae quidem tibi nunc omnia belli uolnera sananda sunt, quibus praeter te mederi nemo potest.

25 Itaque illam tuam praeclarissimam et sapientissimam uocem inuitus audiui : « Satis diu uel naturae uixi uel gloriae. » Satis, si ita uis, fortasse naturae, addo etiam, si placet, gloriae ; at, quod maximum est, patriae certe parum. Quare omitte, quaeso, istam doctorum hominum in contemnenda morte prudentiam, noli nostro periculo esse sapiens. Saepe enim uenit ad meas auris te idem istud nimis crebro dicere, satis te [tibi] uixisse. Credo, sed tum id audirem, si tibi soli uiueres aut si tibi etiam soli natus esses. Omnium salutem ciuium cunctamque rem publicam res tuae gestae complexae sunt ; tantum abes a perfectione maximorum operum ut fundamenta nondum quae cogitas ieceris. Hic tu modum uitae

23 dilapsa *HV*γ : del-*A*β || diffluxerunt *BDm* : defl- α*ELa* flux-*h*.
24 tanto animorum αβ : tantoque an.γ || tibi nunc αβ : n. tibi γ || sananda αβ : curanda γ.
25 diu... uixi αβ*a* : te diu... uixisse *hm* || addo βγ : -am α || quaeso istam α*ah* : i.q. β*m* || meas auris αγ : a. m.β || te idem βγ : et idem *H* et te idem *AV* || tibi *del. Clark* : satis te tibi α : tibi s. te *BDL*γ tibi te s. *E* || omnium αβ : nunc cum omnium γ || complexae sunt : c. sint *a* ||

le terme de ta vie tu prendras mesure non sur l'intérêt de l'État, mais sur la modération de ton âme ? Es-tu même sûr que ce soit assez pour ta gloire ? et tu l'aimes avec passion, tout sage que tu es, tu ne le nieras pas.

26 « Laisserons-nous donc » diras-tu « si peu de chose après nous ? [1] » Bien assez pour suffire à beaucoup d'autres ensemble, trop peu pour toi tout seul. Quelle que soit l'œuvre et sa grandeur, elle est insuffisante dès lors qu'elle peut être plus grande. Si tant d'immortels exploits, César, ne devaient aboutir qu'à écraser tes adversaires et laisser ensuite la République dans l'état où elle est, prends garde, je te prie, que ta valeur surhumaine n'obtienne un succès d'étonnement plutôt que la gloire, si la gloire est bien la renommée éclatante et universelle de grands services rendus à ses concitoyens, à son pays, à toute l'humanité.

IX **27** Ton rôle n'est pas fini, il reste encore un acte, il te faut faire la République, et jouir de ton œuvre, toi tout le premier, dans le calme et le repos complet ; alors, si tu y tiens, quitte envers la patrie, quitte envers la nature, et rassasié d'années, tu pourras dire : « J'ai vécu assez longtemps. » Au reste quelle valeur a ce « longtemps » qui fait pressentir une fin ? Quand cette fin est arrivée, tous les plaisirs passés ne comptent plus, puisqu'ils seront sans lendemain [2]. D'ailleurs jamais ton âme ne s'est satisfaite de ces limites étroites où la nature enferma notre vie ; toujours elle brûla d'amour pour l'immortalité.

aux hommes entre vingt et quarante ans de quitter l'Italie pour un séjour à l'étranger de plus de trois ans.

1. Tout ce passage, s'il n'était gâté par une si lourde flatterie, ne manquerait pas de grandeur ; il y souffle un certain lyrisme philosophique assez peu antique, peu romain surtout. Il semble que le virtuose de la parole veuille prouver qu'il n'a rien perdu de ses moyens.

2. Ces considérations inspirées d'Épicure s'accordaient avec les idées de César sur la mort ; nous les connaissons par Salluste qui lui fait dire : « La mort, qui met fin aux souffrances, n'est pas un supplice ; avec elle s'évanouissent tous les maux des mortels ; au-delà il n'est plus ni tristesses ni joies. » (*De coni, Catil.*, LI, 20). Cf. Cic. *Catil.*, IV, 4, 7.

tuae non salute rei publicae, sed aequitate animi definies ? Quid, si istud ne gloriae quidem satis est ? cuius te esse auidissimum, quamuis sis sapiens, non negabis.

26 Parumne, inquies, magna relinquemus ? Immo uero aliis quamuis multis satis, tibi uni parum. Quicquid est enim, quamuis amplum sit, id est parum tum cum est aliquid amplius. Quod si rerum tuarum immortalium, C. Caesar, hic exitus futurus fuit ut deuictis aduersariis rem publicam in eo statu relinqueres in quo nunc est, uide, quaeso, ne tua diuina uirtus admirationis plus sit habitura quam gloriae, si quidem gloria est illustris ac peruagata magnorum uel in suos ciuis uel in patriam uel in omne genus hominum fama meritorum.

IX **27** Haec igitur tibi reliqua pars est, hic restat actus, in hoc elaborandum est ut rem publicam constituas, eaque tu in primis summa tranquillitate et otio perfruare ; tum te, si uoles, cum et patriae quod debes solueris et naturam ipsam expleueris satietate uiuendi, satis diu uixisse dicito. Quid enim est omnino hoc ipsum diu, in quo est aliquid extremum ? quod cum uenit, omnis uoluptas praeterita pro nihilo est, quia postea nulla est futura. Quamquam iste tuus animus numquam his angustiis quas natura nobis ad uiuendum dedit contentus fuit, semper im-

25 quidem *Schol.* Gronovianvs : q. tuae αγ tuae q. β.
26 parumne α*L* : igitur *add. BDE*γ || magna αβ : gloriam magnam γ || in suos ciuis αβ : in suos γ.
27 cum et αγ : et *om.* β || enim est *codd.* : est enim *Schol.* Gronov. Servivs *Aen.* X 467 || omnino : om. *Schol.* Gronov. Servivs || hoc. αβ : *om.* γ.

28 Ah ! ne crois pas ta véritable vie attachée à ton corps, à ton souffle : ta vraie vie, je te le dis, est celle qui s'épanouira dans la mémoire de tous les siècles à venir, celle que la postérité conservera et sur qui veillera l'éternité. C'est pour l'avenir que tu dois travailler, c'est à lui que tu dois te montrer ; s'il a dès longtemps des raisons de t'admirer, il attend autre chose pour t'accorder la gloire.

Certes les générations futures seront stupéfaites quand elles liront ou qu'on leur dira tes campagnes, tes conquêtes, le Rhin, l'Océan, le Nil, tes combats sans nombre, tes victoires incroyables, tes monuments [1], tes jeux, tes triomphes. **29** Mais si tu n'assures pas à Rome un avenir stable par ta politique et tes lois, ton nom errant de par le monde ne trouvera jamais une demeure stable, un asile assuré. Il y aura parmi ceux qui sont encore à naître, comme il y eut parmi nous, un grand débat : les uns porteront tes exploits aux nues ; les autres trouveront peut-être qu'il y manque quelque chose, et même l'essentiel, si tu n'éteins pas, en sauvant la patrie, les derniers feux de la guerre civile, de manière à montrer que, si le mal vint de la fatalité, c'est de ta sagesse que vint le remède.

Travaille donc pour les juges qui dans la suite des siècles prononceront sur toi avec plus d'impartialité peut-être que nous-mêmes : car ils jugeront sans faveur et sans passion, comme sans jalousie et sans haine. **30** S'il est vrai qu'à ce moment-là, comme d'aucuns le pensent [à tort] [2], les jugements t'importeront peu, aujourd'hui du moins il t'importe de mériter une gloire telle que jamais l'oubli ne puisse l'obscurcir.

1. Il faut entendre aussi bien les statues élevées à César que les constructions dont il embellit Rome (cf. *supra* IV, 11).
2. Les disciples d'Épicure voyaient dans la mort un anéantissement total ; devant César (cf. *supra*, IX, 27, n. 2). Cicéron n'aurait pas émis une critique aussi brutale et maladroite : *falso* est probablement une glose d'un copiste chrétien, entrée dans le texte.

mortalitatis amore flagrauit. **28** Nec uero haec tua uita ducenda est, quae corpore et spiritu continetur ; illa, inquam, illa uita est tua quae uigebit memoria saeculorum omnium, quam posteritas alet, quam ipsa aeternitas semper tuebitur. Huic tu inseruias, huic te ostentes oportet, quae quidem quae miretur iam pridem multa habet, nunc etiam quae laudet exspectat.

Obstupescent posteri certe imperia, prouincias, Rhenum, Oceanum, Nilum, pugnas innumerabilis, incredibilis uictorias, monumenta, triumphos audientes et legentes tuos. **29** Sed nisi haec urbs stabilita tuis consiliis et institutis erit, uagabitur modo tuum nomen longe atque late, sedem stabilem et domicilium certum non habebit. Erit inter eos etiam qui nascentur, sicut inter nos fuit, magna dissensio, cum alii laudibus ad caelum res tuas gestas efferent, alii fortasse aliquid requirent, idque uel maximum, nisi belli ciuilis incendium salute patriae restinxeris, ut illud fati uideatur fuisse, hoc consili. Serui igitur eis iudicibus qui multis post saeculis de te iudicabunt et quidem haud scio an incorruptius quam nos ; nam et sine amore et sine cupiditate et rursus sine odio et sine inuidia iudicabunt. **30** Id autem etiam si tum ad te, ut quidam [falso] putant, non pertinebit, nunc certe pertinet esse te talem ut tuas laudes obscuratura nulla umquam sit obliuio.

28 ducenda *A*β : dicenda *HV*γ.
29 sedem αβ : quidem *add.* γ || uideatur fuisse hoc α : f. u. hoc β*hm* u. hoc. f. *a* || eis α : eis etiam β*am* : etiam *h*.
30 falso *del. Richter-Eberhard.*

Appel a l'union. X Diverses ont été les volontés des citoyens, divergentes leurs opinions. Nous n'étions pas seulement divisés dans nos façons de voir et de sentir : il y avait deux camps et on se battait ; la situation n'était pas claire, il y avait lutte entre deux chefs illustres ; bien des hommes hésitaient sur le meilleur parti à prendre, les uns consultaient leur intérêt, d'autres leur devoir, quelques-uns même leur droit. **31** La République a traversé cette guerre aussi douloureuse qu'inévitable ; la victoire est allée à celui dont le ressentiment, loin d'être enflammé par le triomphe, devait être adouci par la clémence, et qui ne devait pas juger que tous ceux qui avaient provoqué sa colère dussent le payer de l'exil ou de la mort. Les uns déposèrent les armes, aux autres on les arracha [1]. Il faut être ingrat et injuste, quand il n'y a plus rien à craindre des armes, pour ne pas désarmer son cœur : je préfère encore celui qui tomba dans la bataille, qui sacrifia sa vie à sa cause ; car là où certains [2] voient de l'obstination, d'autres peuvent voir de la constance.

32 Mais aujourd'hui le sort des armes a mis fin à la discorde, l'équité du vainqueur en a éteint les derniers feux ; il n'y a désormais place que pour une volonté unique chez tous les hommes doués d'un peu de sagesse ou simplement de bon sens. Il faut que tu vives, César, et que tu demeures dans les sentiments que jusqu'ici, et aujourd'hui surtout, tu as manifestés, pour que nous vivions nous-mêmes. Aussi, nous tous qui voulons que Rome vive, nous te pressons et te supplions de prendre soin de ta vie, de te conserver ; et tous — j'exprime pour les autres ce que je sais vrai pour moi-même, — puisque tu crois à quelque danger caché dont il faudrait te protéger, nous

1. Les premiers sont ceux qui renoncèrent au lendemain de Pharsale ou de la mort de Pompée ; les autres ceux qui continuèrent la guerre en Afrique.

2. Cicéron est probablement à ranger parmi les « certains » (cf. VII, 21 et n.).

X Diuersae uoluntates ciuium fuerunt distractaeque sententiae. Non enim consiliis solum et studiis, sed armis etiam et castris dissidebamus ; erat obscuritas quaedam, erat certamen inter clarissimos duces ; multi dubitabant quid optimum esset, multi quid sibi expediret, multi quid deceret, nonnulli etiam quid liceret. **31** Perfuncta res publica est hoc misero fatalique bello ; uicit is qui non fortuna inflammaret odium suum, sed bonitate leniret, neque omnis, quibus iratus esset, eosdem etiam exsilio aut morte dignos iudicaret. Arma ab aliis posita, ab aliis erepta sunt. Ingratus est iniustusque ciuis qui armorum periculo liberatus animum tamen retinet armatum, ut etiam ille sit melior qui in acie cecidit, qui in causa animam profudit; quae enim pertinacia quibusdam, eadem aliis constantia uideri potest. **32** Sed iam omnis fracta dissensio est armis, exstincta aequitate uictoris ; restat ut omnes unum uelint, qui habent aliquid non sapientiae modo, sed etiam sanitatis. Nisi te, C. Caesar, saluo et in ista sententia qua cum antea, tum hodie maxime usus es, manente salui esse non possumus. Quare omnes te, qui haec salua esse uolumus, et hortamur et obsecramus ut uitae, ut saluti tuae consulas, omnesque tibi, ut pro aliis etiam loquar quod de me ipso sentio, quoniam subesse

30 erat certamen *αh* : erat enim c. β : erat autem c. *am* || deceret *AVDELa* : diceret *HBhm*

31 hoc βγ : *om.* α || neque αγ : nec qui β || etiam *αDEL* : *om. B*γ || sit melior *AV*γ : m. sit *H*β.

32 qui habent *αm* : qui modo habent β*ah* || non sapientiae modo *AVam* : non m. sap. *Hh* non solum sap. β || maxime αγ : uel max. β || ut uitae, ut saluti tuae α : ut uitae tuae et sal. β*a* ut uitae *hm* || ipso αγ : ipse β.

promettons de veiller, de monter la garde, et de te faire, s'il le faut, un rempart de nos poitrines et de nos corps [1].

Remerciement et conclusion. XI 33 Mais pour finir sur ce qui fut l'origine de mon intervention, nous t'exprimons tous, César, notre très vive reconnaissance, et nous en conservons en nous-mêmes une plus vive encore. Oui, nos sentiments sont unanimes, ainsi que tous par leurs prières et leurs larmes ont pu te le prouver ; mais comme il n'est pas nécessaire que tous se lèvent pour te le dire, ils veulent que je sois leur interprète, moi pour qui c'est en quelque sorte une nécessité ; le sentiment qu'on doit éprouver le jour où, grâce à toi, M. Marcellus est rendu au Sénat, au peuple romain, à la République, je sais qu'on l'éprouve ; car je sens qu'au-delà du salut d'un seul l'allégresse unanime voit le salut de tous.

34 Mais si l'on m'a toujours connu pour Marcellus une affection sans borne, où je ne le cédais à personne sauf peut-être à son frère Caius, ce modèle de tendresse fraternelle ; si par mon attachement inquiet, mon souci et ma peine, j'ai su prouver cette amitié tant que le sort de Marcellus ne fut pas assuré, c'est encore mon devoir de la manifester en ce jour qui me délivre de tous mes soucis, mes chagrins, mes souffrances. Aussi, César, ma gratitude vient-elle te dire : tu m'avais rendu avec la vie toutes mes dignités ; à tant de bienfaits accumulés sur ma seule tête tu as su, ce que je croyais impossible, ajouter par ton dernier geste un magnifique couronnement.

1. Dion Cassius (XLIV, 6, 1) nous apprend que l'année suivante le Sénat décida de donner à César une garde du corps constituée par des sénateurs et des chevaliers ; mais César la refusa ; sans quoi Cicéron en eût sûrement fait partie, au moins jusqu'à la veille des Ides de mars 44, qui lui apportèrent une si grande joie.

aliquid putas quod cauendum sit, non modo excubias et custodias, sed etiam laterum nostrorum oppositus et corporum pollicemur.

XI 33 Sed ut, unde est orsa, in eodem terminetur oratio, maximas tibi omnes gratias agimus, C. Caesar, maiores etiam habemus. Nam omnes idem sentiunt, quod ex omnium precibus et lacrimis sentire potuisti ; sed quia non est omnibus stantibus necesse dicere, a me certe dici uolunt, cui necesse est quodam modo ; et quod fieri decet, M. Marcello a te huic ordini populoque Romano et rei publicae reddito, fieri id intellego ; nam laetari omnis non ut de unius solum, sed ut de omnium salute sentio.

34 Quod autem summae beneuolentiae est quae mea erga illum omnibus nota semper fuit, ut uix C. Marcello, optimo et amantissimo fratri, praeter eum quidem cederem nemini, cum id sollicitudine, cura, labore tam diu praestiterim quam diu est de illius salute dubitatum, certe hoc tempore magnis curis, molestiis, doloribus liberatus praestare debeo. Itaque, C. Caesar, sic tibi gratias ago, ut me omnibus rebus a te non conseruato solum sed etiam ornato, tamen ad tua in me unum innumerabilia merita, quod fieri iam posse non arbitrabar, magnus hoc tuo facto cumulus accesserit.

33 ut *αELm : om. BDah* || oratio *αβa :* mea *add. hm* || sed quia non αβ : et quoniam non γ || omnibus stantibus αβ : st. omn. *a* stantibus *hm* || non ut de unius solum (*om.* solum *ah*) sed ut de *αah :* non de u. s. sed de β || non de u. sed de *m* || omnium *AV :* omni *H* communi βγ.

34 nota semper αγ : s. n. β || C. *αD :* M. *BEL om.*γ || debeo : debebo *H.* || me omnibus αγ : omn. me β || unum β : *om.*αγ || magnus αγ : maximus β.

POUR LIGARIUS

NOTICE

C'est dans les premiers jours de septembre 708/46 (juillet du nouveau style) que Cicéron avait pris la parole au Sénat pour défendre auprès de César la cause de son ami Marcellus. Encouragé par le résultat obtenu et délibérément rentré dans l'activité sinon politique, tout au moins publique, il plaidait, à peine trois mois après et encore devant César, la cause d'un autre pompéien exilé, Q. Ligarius ; mais il parlait cette fois sur le Forum, qui n'avait pas retenti de son éloquence depuis plus de six ans, depuis les plaidoiries pour Milon et ses co-inculpés en avril 702/52. L'accusé, car c'est bien d'un procès qu'il s'agit, apparaît comme un personnage d'importance très secondaire, et qui n'aurait sûrement pas retenu l'attention des historiens s'il n'avait été défendu par le plus grand avocat de son temps.

La famille des *Ligarii*, originaire de la Sabine [1], appartenait à l'ordre équestre ; nous la voyons représentée au moment de la guerre civile par un P. Ligarius [2] (qui prit part dès le début à la lutte en Espagne dans le camp de Pompée, fut fait prisonnier et gracié par César, puis reprit néanmoins les armes contre lui en Afrique et fut exécuté en 708/46 pour avoir manqué à la parole donnée ; nous ignorons le degré de sa parenté avec notre accusé) et par trois frères dont Quintus [3].

Ligarius dans la guerre civile.

Ce dernier, sur la jeunesse duquel nous ne savons rien, était parti en 704/50 pour l'Afrique comme légat du propréteur C. Considius Longus,

1. *Pro Lig.*, XI, 32.
2. *De bello Afr.*, LXIV, 1.
3. *Pro Lig.*, XII, 35 et 36 ; *Ad Att.*, XIII, 44, 3.

et y était resté au départ de son supérieur pour assurer l'intérim du gouvernement ; la guerre civile l'y surprit [1]. Peut-être se tint-il au début dans une prudente neutralité, malgré des invites du parti pompéien. Mais quand, chassé d'Italie, un lieutenant de Pompée, P. Attius Varus, qui avait quelques années plus tôt gouverné l'Afrique, vint s'y établir et, sans rencontrer d'opposition, s'y empara du pouvoir [2], Ligarius accepta de collaborer avec lui à l'organisation de la lutte contre César en se chargeant de la défense des côtes.

Quand le successeur légal de Considius, L. Ælius Tubero, envoyé par le Sénat, vint enfin prendre possession de son poste, Ligarius s'opposa à son débarquement à Utique et poussa le zèle pour son chef Varus jusqu'à refuser à Tubéron la possibilité de faire de l'eau et de laisser à terre son fils Quintus malade [3]. Tous deux se rendirent alors en Grèce auprès de Pompée et restèrent avec lui jusqu'à la bataille de Pharsale, à laquelle le fils prit part, si l'on en croit Cicéron [4]. Après la défaite ils furent de ceux qui se soumirent, obtinrent leur pardon et revinrent à Rome [5]. C'étaient deux hommes de valeur, d'origine patricienne, et César ne demandait qu'à rallier à son régime de telles personnalités : le père, ami intime de Cicéron, était un historien estimé [6] ; le fils devait plus tard obtenir une grande réputation de juriste, et son nom est plusieurs fois cité dans le *Digeste* [7].

Une fois maître de la province d'Afrique, Varus avait fait alliance avec le roi de Numidie, Juba [8] ; le plan de Pompée étant, pour affamer l'Italie soumise à son adversaire, d'occuper les régions qui l'approvisionnaient, César chargea le jeune et brillant C. Curion de s'emparer de la Sardaigne et de la Sicile, puis de débarquer en Afrique.

1. *Pro Lig.*, I, 2.
2. César, *De bello ciu.*, I, xiii, xxxi.
3. *Pro Lig.*, VIII, 23-25 ; *De bello ciu.*, I, xxxi, 3.
4. *Pro Lig.*, III, 9.
5. *Pro Lig.*, IV, 10.
6. *Ad Quint. fr.*, I, 1, 10.
7. *Dig.*, I, 2, 2, 46.
8. Quintilien, *Inst. Orat.*, XI, 1, 78.

Après avoir réussi ces trois opérations, Curion fut battu par la cavalerie libyenne de Juba et se tua ; une partie de ses troupes, campée à Utique, et toute la flotte se rendirent à Varus (été 705/49) : l'expédition envoyée par César avait échoué. L'Afrique devenait donc un point d'appui des plus importants pour Pompée ; mais le gouverneur Varus ne sut pas s'imposer à Juba, qui devint le véritable maître de la province romaine, au point que les soldats de Curion qui s'étaient rendus à Varus furent exécutés par ordre du roi ou envoyés au fond de la Numidie.

Cependant, après la défaite de Pharsale, la majorité des chefs vaincus se réfugièrent en Afrique ; leur force avait diminué, mais non leur fanatisme : il firent massacrer des prisonniers et même des parlementaires envoyés par César ; sur les exigences de Juba, les citoyens de toute ville simplement suspecte de sympathie pour César furent exécutés ; seule l'énergie de Caton parvint à préserver Utique. Juba se conduisait non en allié mais en protecteur : il frappait monnaie romaine à son nom, prétendait porter seul la pourpre et l'interdire aux commandants romains. César, occupé ailleurs, laissant l'Afrique en repos, ses adversaires en profitèrent pour se réorganiser, mais l'union ne régnait pas dans leur camp : Métellus Scipion et Varus rivalisant pour le commandement suprême, Caton le fit donner au premier ; celui-ci manquait d'autorité : il accorda à Juba que les troupes numides fussent payées par le trésor romain et qu'après la victoire la province lui fût abandonnée. Par cette attitude et ces concessions, les adversaires de César, aveuglés par l'esprit de parti, trahissaient les intérêts de Rome au profit d'un Barbare. C'est seulement à la fin de décembre 707/47 que César put s'attaquer à l'Afrique ; après un débarquement difficile il écrasa la coalition à Thapsus (avril 708/46)[1]. Quand il entra dans Hadrumète il y trouva Q. Ligarius, qui était resté avec les pompéiens, mais sans jouer de rôle important ; peut-être même ne prit-il point part à la bataille finale ; le vainqueur lui laissa la vie

1. V. Mommsen, *Röm. Gesch.* V, 10.

sauve, mais sans l'autoriser à rentrer en Italie [1]. Ligarius demeura donc exilé en Afrique.

Quand César fut revenu, les deux frères de Quintus, qui, restés neutres pendant la guerre civile, étaient bien vus du dictateur, intercédèrent pour obtenir une grâce complète ; plusieurs parents et amis, notamment Cicéron à qui Quintus avait par une lettre demandé son appui, se joignirent à eux ; mais leurs efforts n'aboutissant pas, ils firent intervenir des intimes du dictateur ; César ne se laissa pas fléchir : il gardait un ressentiment particulier contre ceux qui avaient pris part à la résistance en Afrique, la dernière, et qui avaient ainsi contribué à la reprise de la guerre [2]. Cependant, au milieu de toutes les tâches écrasantes auxquelles il avait à faire face pour réorganiser l'Empire, il finit pas accorder audience chez lui au groupe des défenseurs de Ligarius le 5e jour avant les Calendes du premier mois intercalaire (23 ou 24 septembre du nouveau style) ; après une attente assez longue ils furent reçus : la famille se jeta aux pieds du maître tandis que Cicéron présentait l'apologie de l'exilé ; César se montra aimable et bienveillant, et sans se prononcer nettement il les renvoya avec la conviction que la cause était gagnée ; ce que Cicéron communiqua par lettre à l'intéressé [3]. Mais à ce moment Tubéron le fils déposa devant César une accusation de haute trahison (*perduellio*) contre Ligarius [4].

Accusation de Tubéron.

Il est certain que l'accusateur cherchait par là à se venger de la façon dont son père et lui-même avaient été traités par le trop zélé lieutenant de Varus : le crime de trahison ne pouvait être puni que de la peine capitale ; Ligarius étant exilé, il était peu probable que le châtiment fût exécuté ; ce que Tubéron devait donc viser c'était, par la condamnation,

1. *De bello Afr.*, LXXXIX, 2.
2. *Ad Famil.*, VI, 13 et 14.
3. *Ad Famil.*, VI, 14, 2.
4. *Pro Lig.*, VI, 18.

d'arrêter la grâce imminente et de fermer définitivement à Ligarius le chemin de Rome.

Sur quoi pouvait reposer l'accusation ? Sur le fait que le légat de Considius s'était rallié aux adversaires de César ? La flatterie eût été un peu grosse, mais surtout dangereuse : les deux Tubéron en avaient fait autant, alors qu'ils étaient libres, en partant d'Utique, d'aller rejoindre César ou de se maintenir dans la neutralité ; en fait ils furent avec Pompée, on l'a vu, jusqu'à la défaite ; ils auraient donc été mal venus à qualifier de haute trahison une attitude qu'ils avaient eux-mêmes adoptée et dont ils avaient obtenu le pardon. Ce que Tubéron reprochait à Ligarius c'était d'avoir collaboré avec l'ennemi de Rome en exerçant une fonction dans le camp qui avait pactisé avec Juba, roi protégé, donc sujet du peuple romain, et cela dans des conditions humiliantes pour le prestige de Rome [1]. Les faits ne contredisent pas l'accusateur ; et s'il était vrai que César eût parfois recouru lui aussi à des alliances ou utilisé des troupes étrangères, du moins n'avait-il pas compromis et abaissé la puissance romaine comme l'avaient fait les pompéiens avec Juba, ennemi particulièrement acharné et dangereux. Un seul argument aurait pu être invoqué pour la défense de cette alliance avec l'étranger, c'était que le parti de Pompée et du Sénat représentait l'autorité légitime, tandis que César et les siens n'étaient que des rebelles ; mais c'est en quoi l'accusation de Tubéron était habile, étant portée devant César, qui se trouvait ainsi juge et partie, et devant qui semblable argumentation ne pouvait être produite.

Le procès. Normalement un procès de trahison devait être jugé par les comices centuriates, ou plutôt par le tribunal permanent qui en était issu, *quaestio perpetua de maiestate*, et qui connaissait de tout fait pouvant porter atteinte à la grandeur romaine. Mais d'une part les institutions anciennes ne fonctionnaient plus, d'autre part César était investi de

1. Quintilien, *Inst. Orat.* XI, 1, 78.

la dictature, qui lui donnait tous les droits de justice, sans appel devant le peuple. Il reçut donc la plainte en sa qualité de dictateur ; mais, en la recevant contre un absent, qui non seulement pouvait difficilement être touché dans les délais normaux, mais, même s'il était touché, ne pouvait se présenter vu le bannissement qui le frappait, César portait atteinte au principe du droit romain qui interdisait d'intenter une action capitale contre un absent.

Plus soucieux de conserver l'extérieur des traditions que la légalité, César se conforma à l'usage qui voulait que le dictateur rendît la justice publiquement. Le procès se déroula donc sur le Forum [1], non devant un tribunal, mais devant César seul, dans les tout derniers jours de septembre (n. s.) 708/46, puisqu'au début d'octobre il repartit pour l'Espagne, où les fils de Pompée avaient repris les hostilités.

Quintilien [2] nous a laissé un résumé du réquisitoire de Tubéron, qui évidemment avait d'abord à détourner de sa propre tête certains des reproches qu'il formulait contre Ligarius : il déclara n'avoir fait que suivre son père chargé par le Sénat d'acheter du blé en Afrique, et s'être retiré du camp pompéien dès qu'il l'avait pu ; Ligarius au contraire y était resté jusqu'au bout, et non pour soutenir Pompée, rival de César dans le désir commun de servir la République, mais pour aider Juba et les Africains, les pires ennemis du peuple romain.

La plaidoirie de Cicéron.

La défense fut assumée par Cicéron seul. Il avait une tâche délicate : ce genre de cause, vu le caractère incontestable des faits et la forme particulière de la juridiction, était ce que la rhétorique ancienne appelait *deprecatio* [3], système de défense où l'accusé, dans l'impossibilité de plaider non-coupable, invoque des circonstances atténuantes et demande le pardon. L'avocat ne pouvait porter la discussion sur le terrain

1. *Pro Lig.*, III, 6 : « ut hoc populus Romanus exaudiat ».
2. Quintilien, *Inst. Orat.* XI, 1, 78 et X, 1, 23.
3. Quintilien, *o. c.*, V, 13, 5.

du droit sans, par là même, déclarer illégale l'attitude de César envers le Sénat et Pompée ; eût-il pu devant d'autres juges que César légitimer la résistance des pompéiens, il en arrivait alors à justifier la position politique prise par Tubéron et se privait ainsi d'un moyen précieux de contre-attaque, sans pour cela disculper Ligarius du grief de collaboration avec Juba.

Cicéron sut admirablement tirer parti du point faible de l'adversaire : dans l'impossibilité de discuter le fait essentiel, il le passa complètement sous silence, il ne dit pas un mot de la façon dont furent menées les affaires en Afrique ; il affecta de ne voir en Ligarius qu'un autre Tubéron et plaida sur le mode ironique, reprochant à l'accusateur son illogisme imprudent et son inélégance à vouloir punir chez un autre ce qu'il avait eu la chance de se faire pardonner pour son propre compte ; il s'appliqua à emprisonner César dans sa clémence et sa générosité antérieures sous peine de se contredire ; il ramena l'affaire à ce qu'elle était au fond, une vengeance personnelle, indigne de celui à qui on la demandait, indigne même de ceux qui la cherchaient. L'attaque contre Tubéron portait d'autant plus sûrement, la tristesse étonnée de lui voir assumer pareil rôle, les protestations en faveur de Ligarius semblaient d'autant plus sincères et impartiales que l'avocat était, et il n'oublie pas de le dire à plusieurs reprises, un parent et un ami et un admirateur de Tubéron le père[1] ; ainsi, se mettant lui-même en cause, invoquant ses relations personnelles avec César et ses obligations envers lui, Cicéron donnait à toute l'affaire un caractère privé qui en atténuait l'aspect politique. Et lorsque, malgré tout, il est amené à toucher la question politique, il le fait avec un naturel, une aisance, une apparence de franchise tranquille qui ne pouvaient que flatter César : rien ne plaît tant aux dictateurs que d'entendre l'éloge de leur libéralisme.

On sent ici l'orateur bien plus sûr de lui et de César que dans l'intervention pour Marcellus, qui datait cepen-

1. *Pro Lig.*, V, 13 et *passim*.

dant de moins de trois mois : il sait maintenant jusqu'où il peut aller ; l'accusé n'a pas tenu un rôle important dans la guerre civile et ne s'est pas personnellement opposé à César : la seule marque apparente de son zèle ne s'est manifestée que contre un homme qui est allé d'abord s'en plaindre à Pompée. Aussi l'avocat s'enhardit-il jusqu'à esquisser l'apologie générale de ceux qui prirent au début le parti du Sénat, en rappelant que ce dernier représentait l'autorité officielle ; il place habilement l'excuse dans la bouche de l'adversaire : « Pouvions-nous, diras-tu, désobéir au Sénat ? Si tu veux mon avis, évidemment non ! » Mais il établit aussitôt un distinguo opportun : « Ligarius a obéi à un moment où l'obéissance au Sénat était un devoir ; vous, vous avez obéi à un moment où n'obéirent que ceux qui le voulurent bien. Je vous en blâme alors ? Nullement : c'était la seule attitude possible vu votre naissance, votre nom, votre famille, votre éducation. [1] » Il faut reconnaître que si cette franchise était une habileté, elle n'en restait pas moins de la franchise ; et l'ensemble du discours dégage une impression d'aisance et de dignité qu'on n'avait pas ressentie dans le *Pro Marcello*. Le ton général en est d'ailleurs bien plus sobre ; l'orateur a-t-il senti que la grandiloquence et le pathétique devant un juge, dans tous les sens du mot, aussi averti que César, iraient à l'encontre du but et que la cause ne s'y prêtait pas ? Si le discours précédent méritait le qualificatif d'asiatique, le *Pro Ligario* a droit à celui d'attique, car il rappelle en certains endroits les meilleures pages de Lysias ; et il compte sûrement permi les chefs-d'œuvre de Cicéron.

Aussi connut-il tout de suite un double succès, d'efficacité et de gloire littéraire : César qui, d'après Plutarque [2], était décidé avant l'audience à condamner Ligarius, se laissa séduire et persuader ; l'exilé fut autorisé à revenir. Mais il ne paya pas la dette de reconnaissance que l'avocat avait souscrite en son nom, et son attitude

1. *Pro Lig.*, VII, 21.
2. *Cicéron*, XXXIX, 65.

ultérieure prouve que les arguments de Cicéron avaient été plus habiles que véridiques : Ligarius entra dans la conjuration de Brutus et, bien qu'il fût souffrant au jour décisif, il trouva dans la haine l'énergie de rejoindre à la Curie les meurtriers du dictateur [1]. On ne sait ensuite plus rien sur son compte, sinon que, d'après Appien, il périt en 711/43 avec un de ses frères dans les proscriptions du second triumvirat [2].

Quant au succès littéraire du plaidoyer, il fut immédiat et très grand : nous savons [3] qu'à la fin de juin 709-45, soit neuf mois après le procès, de si nombreux exemplaires en circulaient que, dans une lettre à son éditeur Atticus [4], Cicéron déclare qu'il ne lui est plus possible d'apporter des retouches à son texte ; une vingtaine de jours plus tard [5], il lui demande néanmoins de faire effacer dans les nouvelles copies le nom de Corfidius, dont il avait par erreur mentionné la présence parmi les personnalités venues intercéder auprès de César en faveur de l'exilé [6], alors qu'à cette date Corfidius était mort ; comme tous les manuscrits aujourd'hui connus portent le nom de Corfidius, on en peut déduire qu'une très grande quantité de copies étaient déjà aux mains du public. Nous savons aussi [7] que le dictateur, parti pour l'Espagne, s'y fit envoyer le texte du discours dont il avait tant apprécié l'improvisation : le goût moderne ratifie pour cette œuvre, plus peut-être que pour aucune autre de Cicéron, l'admiration des contemporains.

1. Plutarque, *Brutus* 11 ; Appien, *G. civ.*, II, 113.
2. Appien, *o. c.*, IV, 22.
3. *Ad Att.*, XIII, 12, 2.
4. *Ad Att.*, XIII, 20, 2.
5. *Ad Att.*, XIII, 44, 3, (juillet 45).
6. *Pro Lig.*, XI, 33.
7. *Ad Att.*, XIII, 19, 2.

ANALYSE [1]

1re Partie

Exorde (§§ 1-2 début). — Révélation sensationnelle : l'accusé a été en Afrique. Il faut avouer et implorer l'indulgence pour un crime aussi grave... que l'accusateur a commis lui aussi.

Exposé (§§ fin 2-3) : La guerre civile surprend Ligarius en Afrique ; il garde la neutralité ; Attius Varus s'empare du pouvoir.

Discussion (§§ 4-7). — Donc son départ et son attitude sont irréprochables (§ 4). S'il est resté c'est par force majeure (§ 5). Il est donc plus innocent que Cicéron lui-même, à qui la générosité de César permet d'évoquer sa propre faute et le pardon qu'elle a reçu (§§ 6-7).

2e Partie

Contre-attaque (§§ 8-16). Mais l'accusateur est plus coupable que l'accusé : il a combattu César à Pharsale (§§ 8-9). Cette affaire est indigne des Tubéron (§ 10), et d'un Romain : Ligarius étant déjà en exil, est-ce sa mort qu'on veut ? Personne n'est allé jusque-là, même sous Sylla. Tubéron non plus, évidemment (§§ 11-12). Mais il n'a pas réfléchi, et il fait pire : il veut arrêter la générosité de César (§§ 13-14). Ce serait souiller la victoire de ce dernier que la vouloir cruelle ; personne, et surtout un coupable gracié, n'a le droit d'empêcher un pardon (§§ 15-16).

Digression (§§ 17-19). — D'ailleurs pourquoi qualifier crime ce qui n'a été qu'un malheur ? (§ 17). Respectons la mémoire des concitoyens qui sont morts, comme l'a fait César lui-même (§ 18), qui a pardonné non à des criminels mais à des adversaires politiques (§ 19).

1. Le plan de ce discours a été étudié de près par C. F. Putsche, dans *Archiv für Philologie u. Pädagogik*, vol XIX (1853), p. 533 sqq.

Reprise de la contre-attaque (§§ 20-29). — Ligarius a plus d'excuses à son erreur que les Tubéron (§ 20). Attitude de Tubéron et véritable origine de l'accusation (§§ 21-22). Si Tubéron avait pu débarquer en Afrique, l'aurait-il livrée à César ? Non, puisque c'est Pompée qu'il a rejoint (§§ 23-25). Et il s'est donné beaucoup de mal pour y parvenir (§§ 26-27). Son ardeur n'a faibli que plus tard, peut-être par dépit (§ 28). Qu'il ne compte pas sur César pour le venger de Ligarius (§ 29).

3e Partie

Déprécation (§§ 30-38). Cicéron voit en César non un juge mais un père, dont il implore l'indulgence (§ 30). César est plus sensible aux sentiments de ceux qui intercèdent pour un accusé qu'aux siens propres(§ 31). Présentation de ceux qui viennent supplier pour Ligarius (§ 32), notamment de ses deux frères, qui furent toujours dévoués à César (§ 33) ; l'unité de pensée des trois frères révèle les vrais sentiments de Quintus (§ 34). César ne peut oublier quel fut jadis le dévouement de T. Ligarius qui vient demander la grâce de son frère (§§ 35-36). César a rendu naguère Marcellus au Sénat ; qu'il rende Ligarius au peuple (§ 37). Dernier appel au cœur et à la conscience de César (§ 38).

SIGLA

C = Cluniacensis 498, nunc Holkhamicus 387, saec. IX, (§§ 18-28 *uictore ... sero erat* ; 38 *si illi... daturum*).
A = Ambrosianus C. 29 part. inf. A, saec. X.
H = Harleianus 2682, olim Coloniensis, exemplar posterius, saec. XI.
V = Vossianus O 2 saec. XI.
α = *CAHV* consensus.

B = Bruxellensis 5345, olim Gemblacensis, saec. XII.
D = Oxoniensis Dorvillianus 77, saec. XI.
E = Erfurtensis, nunc Berolinensis 252, saec. XII.
L = Harleianus 2716, saec. XI (§§ 1-6... *oboriatur*).
β = *DBEL* uel post § 6 *oboriatur BDE* consensus.

a = Harleianus 4927, saec. XII.
h = Harleianus 2682, exemplar prius, saec. XI.
m = Mediceus XLV plut. L, saec. XI (§§ 1-25).
σ = Bodleianus Auct. Rawl. G. 138, saec. XV (§§ 26-38 adhibitus).
γ = *ahm* uel *ah*σ consensus.

PLAIDOYER POUR LIGARIUS

Exorde. I 1 C'est une étrange accusation, César, et encore inédite que mon parent [1] Q. Tubéron a portée devant toi : Q. Ligarius a été, paraît-il, en Afrique, et c'est un fait que C. Pansa [2], cependant si intelligent, mais se fiant peut-être à l'amitié qui vous unit, eut l'imprudence d'avouer [3]. Aussi suis-je désemparé. J'étais prêt en venant ici, comme tu n'en savais rien par toi-même et n'avais pu l'apprendre d'un autre, à profiter de ton ignorance pour sauver un malheureux. Mais puisque le zèle d'un ennemi a découvert ce qui était caché, le mieux, je crois, est d'avouer, d'autant que, par le fait de mon ami Pansa, le secret n'était déjà plus entier ; je renonce donc à contester, pour ne plus faire appel qu'à ta générosité : elle a déjà tant épargné de gens à qui tu accordas non l'acquittement d'une faute, mais le pardon d'une erreur ! 2 Tu as donc, Tubéron, tout ce que peut souhaiter un accusateur : un accusé qui avoue... qui avoue avoir suivi... le même parti que toi et qu'un homme digne de tous les éloges, ton père. Aussi vous faut-il avouer votre propre faute, avant de faire à Ligarius le moindre reproche.

Q. Ligarius, à un moment où rien ne laissait pressentir une guerre, partit pour l'Afrique comme légat de C. Considius ; dans cette fonction il sut si bien gagner

1. La femme de Tubéron le père était sans doute issue de la *gens Tullia*. L'avocat souligne ainsi son impartialité, donc la valeur de ses arguments.

2. C. Vibius Pansa, questeur en 59, tribun en 51, ami personnel et politique de César qu'il suivit en Gaule ; fut à ses côtés dans la guerre civile, l'accompagna en Asie. Il était du groupe des césariens que Cicéron fréquentait depuis son retour ; il avait à plusieurs reprises usé de son crédit en faveur de pompéiens bannis ; d'après III, 7 il semble qu'il assistait au procès.

3. Quand il intervint pour Ligarius ; tout ce début est ironique.

PRO Q. LIGARIO ORATIO

I 1 Nouum crimen, C. Caesar, et ante hanc diem non auditum propinquus meus ad te Q. Tubero detulit, Q. Ligarium in Africa fuisse, idque C. Pansa, praestanti uir ingenio, fretus fortasse familiaritate ea quae est ei tecum, ausus est confiteri. Itaque quo me uertam nescio. Paratus enim ueneram, cum tu id neque per te scires neque audire aliunde potuisses, ut ignoratione tua ad hominis miseri salutem abuterer. Sed quoniam diligentia inimici inuestigatum est quod latebat, confitendum est, opinor, praesertim cum meus necessarius Pansa fecerit ut id integrum iam non esset, omissaque controuersia omnis oratio ad misericordiam tuam conferenda est, qua plurimi sunt conseruati, cum a te non liberationem culpae sed errati ueniam impetrauissent.

2 Habes igitur, Tubero, quod est accusatori maxime optandum, confitentem reum, sed tamen hoc confitentem se in ea parte fuisse qua te, qua uirum omni laude dignum patrem tuum. Itaque prius de uestro delicto confiteamini necesse est quam Ligari ullam culpam reprehendatis.

Q. enim Ligarius, cum esset nulla belli suspicio, legatus in Africam C. Considio profectus est ; qua in

1 non auditum *αBDL :* inauditum *E*γ || scires β*a :* scire *αhm* || opinor α : ut opinor βγ.

2 hoc αβ : hoc ita γ || te αβ : te Tubero γ || enim αβ : igitur γ || esset αβ : esset adhuc γ || C. Considio α QUINTIL. IV. 2, 109 : cum C. Cons. β cum consule γ.

l'estime des citoyens et des alliés, que Considius, en quittant la province, ne pouvait, sans déplaire aux habitants, charger quelque autre du gouvernement. Voilà comment Ligarius, après s'être longtemps récusé en vain, accepta malgré lui une province, qu'il gouverna si bien pendant la paix que citoyens comme alliés apprécièrent sa droiture et son honnêteté.

3 La guerre éclata subitement : les gens d'Afrique apprirent qu'on se battait avant de savoir qu'on s'y préparait. A cette nouvelle, les uns, emportés par une passion irréfléchie, les autres, aveuglés par la crainte, cherchaient un chef d'abord pour les sauver, ensuite aussi pour diriger leur ardeur : mais Ligarius, les yeux tournés vers Rome, impatient de rejoindre les siens, refusa de se laisser engager dans quoi que ce fût. Cependant P. Attius Varus [1], qui avait exercé la propréture en Afrique, vint à Utique ; c'est sur lui qu'aussitôt on se précipita. Et lui, de toute la force de son ambition, se saisit de l'impérium, si tant est qu'on eût pu appeler de ce nom le pouvoir déféré à un particulier par les cris d'une foule ignorante et sans un acte de l'autorité publique. Ainsi Ligarius, qui fuyait toute responsabilité de ce genre, dut à l'arrivée de Varus un peu de tranquillité.[2]

DISCUSSION. II **4** Jusqu'ici, César, Ligarius est à l'abri de tout reproche. Il n'a pas quitté Rome pour faire la guerre, il n'avait de la guerre pas même le moindre pressentiment ; nommé légat, il est parti en pleine paix, et dans la plus paisible des provinces il a tout fait pour qu'elle eût intérêt au maintien de la paix. Ce n'est certes pas son départ de Rome qui doit te choquer. Est-ce alors son séjour là-bas ? Encore bien moins : si l'un fut

1. Partisan de Pompée ; battu dès le début à Auximum, il avait fui en Afrique, où il avait profité de ses relations pour prendre le pouvoir et lever deux légions (*B. Ciu.* I, 31, 3).

2. Quintilien (*Inst. Or.*, IV, 2, 108) cite cette narration pour l'habileté avec laquelle elle prépare la défense.

legatione et ciuibus et sociis ita se probauit ut decedens Considius prouincia satis facere hominibus non posset, si quemquam alium prouinciae praefecisset. Itaque Ligarius, cum diu recusans nihil profecisset, prouinciam accepit inuitus ; cui sic praefuit in pace ut et ciuibus et sociis gratissima esset eius integritas et fides.

3 Bellum subito exarsit quod qui erant in Africa ante audierunt geri quam parari. Quo audito partim cupiditate inconsiderata, partim caeco quodam timore primo salutis, post etiam studi sui quaerebant aliquem ducem, cum Ligarius domum spectans, ad suos redire cupiens, nullo se implicari negotio passus est. Interim P. Attius Varus, qui praetor Africam obtinuerat, Uticam uenit ; ad eum statim concursum est. Atque ille non mediocri cupiditate adripuit imperium, si illud imperium esse potuit, quod ad priuatum clamore multitudinis imperitae, nullo publico consilio deferebatur. Itaque Ligarius, qui omne tale negotium fugeret, paulum aduentu Vari conquieuit.

II 4 Adhuc, C. Caesar, Q. Ligarius omni culpa uacat. Domo est egressus non modo nullum ad bellum, sed ne ad minimam quidem suspicionem belli ; legatus in pace profectus in prouincia pacatissima ita se gessit ut ei pacem esse expediret. Profectio certe animum tuum non debet offendere. Num igitur remansio ?

2 et fides αγ : ac f. β.
3 post etiam *AVβam* : postea *H* post *h* || ad suos αβ : et ad suos γ || qui βγ : tum *add.* α || ad eum statim : s. ad eum *A* || ad priuatum αγ : a priuato *DEL* in priuato B.
4 fugeret α : cuperet effugere βγ || conquieuit : -ebat *AV* || profectus : pr. est *B*.

l'effet d'une volonté fort avouable, l'autre est dû à une nécessité qui est même honorable [1]. Donc ces deux circonstances excluent tout reproche, soit qu'il parte comme légat, soit que, instamment réclamé par la province, il gouverne l'Afrique. **5** Troisième épisode : il est resté en Afrique après l'arrivée de Varus ; s'il y a faute, c'est celle de la fatalité, non de sa volonté. Croit-on que si Ligarius avait eu un moyen quelconque de s'échapper [2], il eût préféré Utique à Rome, P. Attius à des frères tant aimés, des étrangers à sa famille ? Déjà sa mission même avait empli de regrets et d'inquiétudes son incroyable amour fraternel : aurait-il accepté d'être séparé de ses frères par le fossé de la guerre civile ? [3].

6 Donc, César, tu ne trouves jusqu'ici chez Ligarius aucune trace d'hostilité à ton égard [4] ; et vois, je te prie, avec quelle bonne foi je défends sa cause : je trahis la mienne. O clémence admirable, digne de l'estime et de la louange universelles, que devraient illustrer les lettres et les arts ! Cicéron devant toi défend un autre d'intentions qu'il avoue pour lui-même, sans craindre tes réflexions secrètes, sans redouter les pensées qui peuvent te venir à son sujet en l'écoutant parler pour un autre.

III Vois comme je suis tranquille ! vois comme les rayons de ta générosité et de ta sagesse illuminent ma parole ! De toute la force de mon souffle je veux faire entendre au peuple romain [5] ce que je vais dire.

1. En restant en Afrique Ligarius ne faisait que se conformer aux ordres de son supérieur et remplir ses devoirs envers l'État.

2. Par ce mot l'avocat veut montrer que l'accusé se considérait comme prisonnier des partisans de Pompée : son départ, qui eût été pour eux la preuve de son hostilité, était donc impossible.

3. En insistant sur l'affection de Ligarius pour ses frères et sur la communauté de pensée qui l'unissait à eux, Cicéron veut, de leur attitude envers César (cf. *inf.*, §§ 35-36), faire conclure à l'innocence de l'accusé ; l'argument n'est guère solide.

4. C'est tout ce que l'avocat peut en dire ; au reste César n'en aurait pas demandé davantage (cf. *Introd.*, pp. 8-10 et *infra*, XII, 33).

5. Le procès se déroulait sur le Forum (cf. *inf.*, §§ 14 et 37).

Multo minus. Nam profectio uoluntatem habuit non turpem, remansio necessitatem etiam honestam. Ergo haec duo tempora carent crimine, unum cum est legatus profectus, alterum cum efflagitatus a prouincia praepositus Africae est. **5** Tertium tempus, quod post aduentum Vari in Africa restitit, si est criminosum, necessitatis crimen est, non uoluntatis. An ille si potuisset illinc ullo modo euadere, Uticae quam Romae, cum P. Attio quam cum concordissimis fratribus, cum alienis esse quam cum suis maluisset ? Cum ipsa legatio plena desideri ac sollicitudinis fuisset propter incredibilem quendam fratrum amorem, hic aequo animo esse potuit belli discidio distractus a fratribus ?

6 Nullum igitur habes, Caesar, adhuc in Q. Ligario signum alienae a te uoluntatis ; cuius ego causam animaduerte, quaeso, qua fide defendam ; prodo meam. O clementiam admirabilem atque omnium laude, praedicatione, litteris monumentisque decorandam ! M. Cicero apud te defendit alium in ea uoluntate non fuisse in qua se ipsum confitetur fuisse, nec tuas tacitas cogitationes extimescit, nec quid tibi de alio audienti de se occurrat, reformidat.

III Vide quam non reformidem, quanta lux liberalitatis et sapientiae tuae mihi apud te dicenti oboriatur. Quantum potero, uoce contendam, ut hoc populus Romanus exaudiat.

5 tempus quod *HDL* : t. est q. *AVBE* est t. quo γ || si est α : quod si est βγ || illinc αγ : *om.*β || Uticae quam αβ : Ut. potius q. γ.
6 M. Cic. αγ : cum M. Cic. β || tacitas αβ : *om.* γ || de se αγ : de se ipso β || oboriatur : *hic deficit L* || hoc pop. R. αβ : pop. hoc R. *a et* Quintil. *XI.* 3, 166 pop. hoc R. hoc *m* pop. R. *h*.

7 La guerre était déclarée, César, et même les opérations en grande partie engagées [1], lorsque, sans nulle contrainte, de mon propre chef et volontairement, je suis allé me ranger sous les armes qui s'étaient levées contre toi. A qui donc va cet aveu ? A l'homme qui, sachant cela, n'attendit pas de m'avoir vu pour me rendre à la République [2] ; qui m'écrivit d'Égypte [3] pour refaire de moi ce que j'avais été ; qui, étant seul impérator [4] dans tout l'empire romain, accepta que je le fusse aussi ; grâce à qui, comme C. Pansa ici présent m'en apporta lui-même la nouvelle, j'ai pu garder les faisceaux laurés aussi longtemps que je crus devoir les garder ; qui ne se crut mon sauveur qu'en me conservant toutes mes dignités.

Contre-attaque. 8 Vois, je te prie, Tubéron, d'après ce que je n'hésite pas à dire sur ma propre conduite, ce que j'oserai dire sur celle de Ligarius. D'ailleurs si j'ai parlé ainsi de moi, c'est pour que Tubéron me pardonne d'en dire autant de lui. Je m'intéresse à ses travaux et à ses succès, soit à cause de nos liens de famille, soit parce que j'apprécie son intelligence et ses occupations, soit parce que je pense que de la gloire d'un jeune parent il rejaillit sur moi aussi quelque chose. 9 Mais je vous le demande : qui est-ce qui fait un grief à Ligarius d'avoir été en Afrique ? Un homme qui a voulu lui aussi être là-bas, qui se plaint d'en avoir été empêché par Ligarius, et dont on sait qu'il a participé à la guerre contre César lui-même. Car enfin que fai-

1. En réalité quand Cicéron rejoignit Pompée (juin 49) les hostilités n'étaient déclenchées qu'en Italie et en Sicile.

2. César fit savoir à Cicéron, par le gendre de ce dernier. Dolabella, qu'il l'autorisait à rentrer en Italie (*Ad Att.*, XI, 7, 2).

3. Cicéron la reçut à Brindes, mais elle lui parut réticente (*Ad Att.*, XI, 16, 1) ; en août 47 il en reçut une seconde qui apaisa ses craintes, mais sans plus (*Ad Fam.*, XIV, 23) ; en septembre enfin il eut une entrevue avec César, qui se montra plein de déférence et d'amabilité.

4. César était, depuis la mort de Pompée, le seul détenteur du pouvoir et le seul qui eût reçu le titre officiel d'*imperator* (il ne le sera à vie que l'année suivante) ; quant à Cicéron, il avait été salué de ce titre

7 Suscepto bello, Caesar, gesto etiam ex parte magna, nulla ui coactus, iudicio ac uoluntate ad ea arma profectus sum quae erant sumpta contra te. Apud quem igitur hoc dico ? Nempe apud eum qui, cum hoc sciret, tamen me ante quam uidit rei publicae reddidit, qui ad me ex Aegypto litteras misit ut essem idem qui fuissem, qui me, cum ipse imperator in toto imperio populi Romani unus esset, esse alterum passus est, a quo hoc ipso C. Pansa mihi hunc nuntium perferente concessos fascis laureatos tenui, quoad tenendos putaui, qui mihi tum denique salutem se putauit dare, si eam nullis spoliatam ornamentis dedisset. 8 Vide, quaeso, Tubero, ut, qui de meo facto non dubitem, de Ligari audeam dicere. Atque haec propterea de me dixi, ut mihi Tubero, cum de se eadem dicerem, ignosceret ; cuius ego industriae gloriaeque faveo, uel propter propinquam cognationem, uel quod eius ingenio studiisque delector, uel quod laudem adulescentis propinqui existimo etiam ad me aliquem fructum redundare. 9 Sed hoc quaero : quis putat esse crimen fuisse in Africa ? Nempe is qui et ipse in eadem prouincia esse uoluit et prohibitum se a Ligario queritur, et certe contra ipsum Caesarem est congressus armatus. Quid enim

7 iudicio ac uoluntate *codd.* : consilio ac uol. mea Quintil. *IX* 2,28 || qui me... esse alterum αγ : qui me... esse me alterum *D* qui... esse me alterum *BEL* || imperio αβ : orbe γ || a quo : a *om. A* || hunc α : *om.* βγ || salutem se α*am* : se sal. β*h* || dare α*am* : reddere β*h*.

8 dubitem αβ : dub. dicere γ || audeam αγ Quintil. *V* 10,93 : non audeam β || dicere α Quintil. *V* 10,93 (*codd. AB*) : confiteri γ Quintil. (*cod. P*).

9 putat αβ : -et γ || in Africa αβ : in Africa Ligarium γ || prouincia α : Africa βγ.

sait ton épée dégaînée dans les champs de Pharsale?[1]. vers quelle poitrine en tournais-tu la pointe ? quelle intention dirigeait tes armes ? que cherchaient ta pensée, ton regard, ton bras, ta combativité ? Que désirais-tu ? que souhaitais-tu ? J'insiste trop : le jeune homme se trouble, semble-t-il. Revenons-en à moi : j'ai été dans les mêmes rangs que lui.

IV **10** Et que voulions-nous, Tubéron, si ce n'est pouvoir ce que le vainqueur peut aujourd'hui ? Ceux dont l'impunité, César, fait honneur à ta clémence, vont-ils par leurs paroles te pousser à la cruauté ? Et dans cette affaire, Tubéron, je ne retrouve déjà plus ta sagesse, encore moins celle de ton père, qui malgré toute son intelligence et sa culture n'a pas vu le caractère de cette cause : sinon il eût tout admis de ta part plutôt qu'une telle attitude.

Tu dénonces un homme qui ne nie rien. Ce n'est pas assez : celui que tu accuses est, à mon avis, moins coupable que toi-même ; en tout cas, de ton propre aveu, tu l'es autant que lui. **11** Voilà qui est extraordinaire ; mais voici qui est presque monstrueux : ton accusation peut aboutir non à faire condamner Ligarius[2], mais à le faire exécuter. Cela, aucun citoyen romain ne l'avait encore tenté ; ces mœurs-là ne sont pas de chez nous, elles sont bonnes pour des Grecs perfides ou des bar-

par ses soldats après sa victoire en Cilicie (703/51) ; rentré en Italie il avait conservé l'*imperium*, les faisceaux et licteurs qui en étaient les signes, jusqu'en octobre 47, dans l'espoir de se voir accorder le triomphe ; il lui avait fallu, naturellement, l'accord du maître.

1. Le défenseur contre-attaque : Ligarius avait été *surpris* en Afrique par la guerre, Tubéron a *voulu* y aller une fois la guerre commencée ; bien plus, il est allé se battre à Pharsale, au risque d'y tuer de sa main César qui s'y trouvait aussi. L'évocation ne manque pas de force.

2. Un citoyen pouvait éviter une condamnation capitale en s'exilant avant le procès ; or ici l'accusé était déjà en exil : l'accusateur ne pouvait donc vouloir autre chose que sa mort. Le raisonnement est spécieux : Tubéron voulait se venger en empêchant le retour de Ligarius (cf. *inf.*, IV, 13).

tuus ille, Tubero, destrictus in acie Pharsalica gladius agebat ? cuius latus ille mucro petebat ? qui sensus erat armorum tuorum ? quae tua mens, oculi, manus, ardor animi ? quid cupiebas, quid optabas ? Nimis urgeo ; commoueri uidetur adulescens. Ad me reuertar ; isdem in armis fui.

IV **10** Quid autem aliud egimus, Tubero, nisi ut quod hic potest nos possemus ? Quorum igitur impunitas, Caesar, tuae clementiae laus est, eorum ipsorum ad crudelitatem te acuet oratio ? Atque in hac causa non nihil equidem, Tubero, etiam tuam sed multo magis patris tui prudentiam desidero, quod homo cum ingenio tum etiam doctrina excellens genus hoc causae quod esset non uiderit ; nam si uidisset, quouis profecto quam isto modo a te agi maluisset.

Arguis fatentem. Non est satis ; accusas eum qui causam habet aut, ut ego dico, meliorem quam tu, aut, ut tu uis, parem. **11** Haec admirabilia, sed prodigi simile est quod dicam. Non habet eam uim ista accusatio ut Q. Ligarius condemnetur, sed ut necetur. Hoc egit ciuis Romanus ante te nemo ; externi sunt isti mores *, aut leuium Graecorum, aut immanium barbarorum * qui usque ad sangui-

9 tuus ille, Tub. QUINTIL. *VIII*. 4,27 *et quattuor aliis locis :* Tub. tuus ille (ille tuus *h*) *codd.*
10 acuet αγ : acuit β.
11 admirabilia α : non modo mirab- β non modo mir. sunt γ || similia quae γ || sed ut necetur αβ : ut *om.* γ || sunt isti *AH :* i. s. *Va* isti β*hm* || qui... incitari solent odio α*a :* qui *om.* βγ... incitare... odium *hm. Haec uerba* qui... odio *post* barbarorum *ego traieci : post* mores *habent codd. et* (*del.* qui *et* solent) *seruat Baiter, secl. ut glossema edd. recentiores.*

bares cruels, que la haine assoiffe de sang. Car que veux-tu d'autre ? qu'il ne soit plus à Rome, qu'il vive loin de son foyer, de ses frères si affectueux, de son oncle T. Brocchus ici présent, et du fils de Brocchus, son cousin, loin de nous ? qu'il ne soit plus dans sa patrie ? Mais y est-il ? peut-il être privé de tout cela plus qu'il ne l'est ? l'Italie lui est interdite, il est en exil. Ce n'est donc pas son pays que tu veux lui enlever, il ne l'a plus : tu veux sa vie.
12 C'est là une tentative que, même auprès de ce dictateur qui frappait de mort tous ceux qu'il détestait, personne n'a jamais faite. C'était Sylla lui-même qui ordonnait les meurtres ; personne n'en réclamant, il y poussait par des primes [1] ; mais cette cruauté, quelques années plus tard, fut châtiée par ce même César [2] qu'aujourd'hui tu veux rendre cruel.

V « Mais non, diras-tu, je ne demande pas sa mort ! » C'est bien ce que je pense, Tubéron [3]. Je te connais, je connais ton père, je connais votre famille et le nom qu'elle porte [4] ; l'attachement de tout votre entourage à l'honneur, à l'humanité, à la science, à la plus haute culture, je le connais. **13** Je suis donc convaincu que vous ne demandez pas du sang. Mais quel manque de réflexion ! L'affaire a pour seul but de marquer que la peine jusqu'ici infligée à Ligarius ne vous satisfait pas. En est-il donc une autre que la mort ? Puisqu'il est en exil, que voulez-vous de plus ? qu'on ne lui pardonne pas, peut-être ? Mais c'est bien plus dur et bien plus cruel. Ce que nous demandons,

1. Allusion aux proscriptions de Sylla : on y vit offrir jusqu'à 12.000 deniers (plus de 12.000 francs-or) pour la tête d'un proscrit.

2. En 690 /64 il avait présidé le tribunal chargé de juger les causes de meurtre et avait fait condamner les exécuteurs de ces proscriptions qui dataient de dix-sept ans, bien qu'une loi de Sylla, *lex Cornelia de sicariis*, les couvrît.

3. Après l'indignation véhémente et l'évocation infamante des proscriptions de Sylla, occasion d'une flatterie à l'adresse de César, c'est l'ironie dédaigneuse : l'accusateur n'a même pas conscience de la portée de ses actes.

4. La *gens Ælia*, dont la famille de Tubéron faisait partie, était de

nem incitari solent odio. Nam quid agis aliud ? ut Romae ne sit, ut domo careat ? ne cum optimis fratribus, ne cum hoc T. Broccho auunculo, ne cum eius filio consobrino suo, ne nobiscum uiuat, ne sit in patria ? Num est, num potest magis carere his omnibus quam caret ? Italia prohibetur, exsulat. Non tu hunc ergo patria priuare, qua caret, sed uita uis. **12** At istud ne apud eum quidem dictatorem qui omnis quos oderat morte multabat, quisquam egit isto modo. Ipse iubebat occidi ; nullo postulante, praemiis inuitabat ; quae tamen crudelitas ab hoc eodem aliquot annis post, quem tu nunc crudelem esse uis, uindicata est.

V « Ego uero istud non postulo » inquies. Ita mehercule existimo, Tubero. Noui enim te, noui patrem, noui domum nomenque uestrum ; studia generis ac familiae uestrae uirtutis, humanitatis, doctrinae, plurimarum artium atque optimarum nota mihi sunt. **13** Itaque certo scio uos non petere sanguinem. Sed parum adtenditis. Res enim eo spectat ut ea poena in qua adhuc Q. Ligarius sit non uideamini esse contenti. Quae est igitur alia praeter mortem ? Si enim est in exsilio, sicuti est, quid amplius postulatis ? an ne ignoscatur ? Hoc uero multo acerbius multoque durius. Quodne nos [domi] petimus precibus

11 ut Romae α : ut *om.* βγ || auunculo αγ : suo *add.* β || hunc ergo α : e. h. *DE*γ ergo β.

12 praemiis α*BD* : etiam *add.* *E*γ || eodem αβ : etiam γ || studia αβ : denique *add.* γ || sunt αγ : omnia *add.* β.

13 eo αβ*a* : mortem *add.* *hm* || ignoscatur *ed. Iunt.* : -cat *codd.* || multoque αβ*a* : multo *hm* || durius α*E*γ : est d. *BD* || quodne α*m* : quod β*a* si quod *h* || petimus *codex Gruteri :* domi pet. *codd. cett.* domi *ex* § 14 *petitum*).

nous, par larmes et prières, prosternés aux pieds de César et comptant moins sur notre cause que sur son humanité, vas-tu lutter pour que nous ne l'obtenions pas ? vas-tu t'attaquer à nos larmes et, tandis que nous sommes prostrés à ses pieds, vas-tu nous interdire les supplications ? **14** Si, quand nous l'implorions chez lui[1], car nous l'avons fait et j'espère que ce ne fut pas en vain, tu t'étais précipité soudain en criant : « César, garde-toi de pardonner ! garde-toi de prendre en pitié des frères qui te demandent la grâce de leur frère ! », n'eût-ce pas été dépouiller tout sentiment humain ? Combien n'est-il pas plus cruel d'attaquer sur le Forum ce que nous demandons à César chez lui, et de fermer à tant de malheureux l'asile de sa pitié ! **15** Je veux dire, César, toute ma pensée. Si la grandeur de ton destin n'était égalée par ton indulgence, que tu es seul — je dis seul et je m'entends [2] — à vouloir exercer, ta victoire serait la source des plus amères douleurs : combien seraient-ils parmi les vainqueurs à te vouloir cruel ! On en trouve même parmi les vaincus. Combien voudraient que tu ne pardonnes jamais et mettraient obstacle à ta clémence, quand ceux-ci mêmes, à qui tu as pardonné, n'admettent pas ta pitié pour les autres !

16 Si nous pouvions persuader César que jamais Ligarius n'a été en Afrique, si par un mensonge pieux et compatissant nous voulions sauver un concitoyen malheureux, il serait indigne d'un homme, voyant son semblable dans une situation si critique et si périlleuse,

l'aristocratie la plus cultivée : elle avait donné à Rome, depuis plus d'un siècle, plusieurs juristes, archéologues, philosophes et historiens. Sur l'accusateur et son père cf. *Notice*, p. 54).

1. Voir *Notice*, p. 56.

2. C'est une attaque voilée contre certains partisans de César, qui l'avaient poussé et le poussaient encore aux mesures de rigueur contre ses adversaires. Plusieurs fois dans sa correspondance Cicéron rend hommage à la mansuétude du dictateur (*Ad Att.*, XI, 20, 2 ; *Ad Fam.*, XV, 15,2 ; VI, 6, 8). Voir aussi *Introd.*, pp. 8-10.

ac lacrimis, strati ad pedes, non tam nostrae causae fidentes quam huius humanitati, id ne impetremus pugnabis et in nostrum fletum irrumpes et nos iacentis ad pedes supplicum uoce prohibebis ? **14** Si, cum hoc domi faceremus, quod et fecimus et, ut spero, non frustra fecimus, tu repente irruisses, et clamare coepisses : « C. Caesar, caue ignoscas, caue te fratrum pro fratris salute obsecrantium misereat ! » nonne omnem humanitatem exuisses ? Quanto hoc durius, quod nos domi petimus id a te in foro oppugnari et in tali miseria multorum perfugium misericordiae tollere ! **15** Dicam plane, Caesar, quod sentio. Si in tanta tua fortuna lenitas tanta non esset, quam tu per te, per te, inquam, obtines — intellego quid loquar —, acerbissimo luctu redundaret ista uictoria. Quam multi enim essent de uictoribus qui te crudelem esse uellent, cum etiam de uictis reperiantur ! quam multi qui cum a te ignosci nemini uellent, impedirent clementiam tuam, cum hi quibus ipsis ignouisti, nolint te esse in alios misericordem ! **16** Quod si probare Caesari possemus in Africa Ligarium omnino non fuisse, si honesto et misericordi mendacio saluti ciui calamitoso esse uellemus, tamen hominis non esset in tanto discrimine et periculo

13 ac α : et γ *om.* β || pugnabis αγ : oppugn- β.
14 Caesar αβ : Caesar caue eredas γ || id a te... oppugnari et... tollere *codd.* : *corr. edd. plerique*, id a te... oppugnari et... tolli *alii*, id te... oppugnare et... tollere *alii*.
15 in tanta α *hm* QUINTIL. *VIII* 3,85 : in hac t. β*a* || per te per te γ, *cf.* QUINTIL. *l. c. cod. M* (parce per te) : per te *semel* αβ QUINTIL. *codd. AB* || multi qui αγ : qui *om.* β || cum hi αγ : c. etiam hi β || ipsis *AV* : ipse *H*βγ.

de réfuter et de confondre notre mensonge ; et si quelqu'un en avait le droit, ce ne serait sûrement pas celui qui, compromis dans la même cause, aurait encouru le même sort. Même en ce cas, vouloir épargner l'erreur à César est une chose, vouloir l'empêcher d'être pitoyable en est une autre. Tu pourrais dire alors : « César, n'en crois rien ; il a été en Afrique, il a pris les armes contre toi. » En fait que dis-tu ? « Ne pardonne pas ! » Est-ce là le langage d'un homme à un homme ? Qui te parlera ainsi, César, bannira de son cœur l'humanité plus tôt qu'il ne l'arrachera du tien.

Digression. VI **17** Dès le début, dans sa demande de poursuites [1], Tubéron a déclaré, si je ne me trompe, vouloir parler du « crime » de Q. Ligarius. Tu t'es étonné, j'en suis sûr, ou du nom de l'accusé, ou de la personnalité de l'accusateur, jadis partisan de la même cause, ou de la possibilité d'apporter un fait nouveau qui fût un crime. Tu parles de crime, Tubéron ? pourquoi ? Pareil terme avait été jusqu'ici épargné à cette cause : les uns y voient une erreur [2], les autres un effet de la crainte ; les moins indulgents disent ambition, avidité, haine, entêtement ; les plus sévères parlent de folie ; mais de crime nul encore n'a parlé, sauf toi. Et pour ma part, si l'on me demande le vrai, le seul nom de notre malheur, j'y vois un coup cruel de la fatalité, auquel n'a pu se soustraire l'imprévoyance des hommes [3] : qui s'étonnera que des résolutions humaines aient été vaincues par l'inéluctable volonté divine ?

18 Qu'on nous laisse à notre malheur — bien qu'un tel vainqueur y ait mis fin ; mais je ne parle pas de nous, je parle de ceux-là qui sont tombés — ; qu'ils aient été

1. Pour porter une accusation devant le tribunal il fallait demander au président une autorisation de poursuites.

2. Cf. *Pro Marcello*, V, 13.

3. Dion Cassius (XLIII, 17, 4) fait dire à César devant le Sénat : « N'hésitons pas à nous unir dans l'oubli de tout un passé qui n'a été le fait que d'une inéluctable volonté des dieux. »

ciuis refellere et coarguere nostrum mendacium ; et si esset alicuius, eius certe non esset qui in eadem causa et fortuna fuisset. Sed tamen aliud est errare Caesarem nolle, aliud est nolle misereri. Tum diceres : « Caesar, caue credas ; fuit in Africa, tulit arma contra te ! ». Nunc quid dicis ? « Caue ignoscas ! » Haec nec hominis nec ad hominem uox est ; qua qui apud te, C. Caesar, utetur, suam citius abiciet humanitatem quam extorquebit tuam.

VI **17** Ac primus aditus et postulatio Tuberonis haec, ut opinor, fuit, uelle se de Q. Ligari scelere dicere. Non dubito quin admiratus sis, uel quod nullo de alio [quisquam], uel quod is qui in eadem causa fuisset, uel quidnam noui sceleris adferret. Scelus tu illud uocas, Tubero ? cur ? isto enim nomine illa adhuc causa caruit. Alii errorem appellant, alii timorem ; qui durius, spem, cupiditatem, odium, pertinaciam ; qui grauissime, temeritatem ; scelus praeter te adhuc nemo. Ac mihi quidem, si proprium et uerum nomen nostri mali quaeritur, fatalis quaedam calamitas incidisse uidetur et improuidas hominum mentis occupauisse, ut nemo mirari debeat humana consilia diuina necessitate esse superata. **18** Liceat esse miseros — quamquam hoc uictore esse non possumus ; sed non loquor de nobis, de illis loquor qui occiderunt — fuerint cupidi, fuerint irati,

16 coarguere αγ : redarg- β || est nolle αβ : nolle *a* non *hm* || tum αγ : tunc β || Africa αβ : Ligarius *add.* γ || utetur *αBDa* : -itur *Ehm.*

17 nullo de alio *αa :* de n. a. β*hm* || quisquam αβ*m*, *del. Mommsen* : quicquam *ah* || sceleris *del. Patricius* || quaeritur αγ : -ratur β.

18 uictore : *hinc usque ad* § 28 sero erat *exstat C.*

ambitieux, emportés, obstinés, soit ! mais que les noms de criminel, de furieux, de parricide [1], soient épargnés à Pompée mort, et à tant d'autres. Qui t'a jamais entendu, César, les traiter ainsi ? Que cherchais-tu en prenant les armes, sinon à repousser un affront ? Qu'a fait ton armée invaincue, que de soutenir son droit et ta dignité ? D'ailleurs dans tes efforts vers la paix [2] songeais-tu à une entente avec des criminels ou avec de bons citoyens ?

19 Pour moi-même, César, les bienfaits dont tu m'as comblé perdraient certainement de leur prix, si je pensais n'être qu'un criminel que tu aurais grâcié. Et toi, quel service aurais-tu donc rendu à la République en voulant maintenir tant de criminels dans leur prestige intact ? Tu n'as vu là qu'une scission d'abord, César, non une guerre ; non une haine entre ennemis, mais un désaccord entre concitoyens, les deux partis voulant le bien de la République, mais, soit erreur, soit passion, perdant de vue l'intérêt général. Les chefs étaient presque d'égal mérite, mais non peut-être ceux qui les suivaient [3] ; où était alors la bonne cause ? Chaque parti présentait des arguments valables ; aujourd'hui il faut accepter comme la meilleure celle qui a eu aussi la faveur des dieux. Et devant ta clémence, qui n'applaudirait à une victoire où il n'y eut de morts que sur le champ de bataille ?

Reprise de la contre-attaque. VII **20** Mais laissons là les considérations générales et revenons à notre cause. Était-il plus facile, à ton avis, Tubéron, pour Ligarius de sortir d'Afrique que pour vous de n'y point

1. *Parricidium* ou *parr. patriae* (Cic., *De Off.*, III, 21, 83) désigne parfois la haute trahison, dont le nom juridique est *perduellio*. En assimilant le cas de Ligarius à ceux de Tubéron et de Pompée, Cicéron esquive le point capital : la collaboration avec un roi ennemi de Rome (cf. *Notice*, pp. 57-59).

2. Déjà dans le *Pro Marcello* (V, 13) Cicéron avait affirmé cette volonté de paix de César ; il y reviendra dans le *Pro Dejotaro* (IV, 11).

3. Il s'agit de la valeur morale et du rang social. Pompée avait

fuerint pertinaces ; sceleris uero crimine, furoris, parricidi liceat Cn. Pompeio mortuo, liceat multis aliis carere. Quando hoc ex te quisquam, Caesar, audiuit, aut tua quid aliud arma uoluerunt nisi a te contumeliam propulsare ? quid egit tuus inuictus exercitus, nisi uti suum ius tueretur et dignitatem tuam ? Quid ? tu cum pacem esse cupiebas, idne agebas ut tibi cum sceleratis, an ut cum bonis ciuibus conueniret ?
19 Mihi uero, Caesar, tua in me maxima merita tanta certe non uiderentur, si me ut sceleratum a te conseruatum putarem. Quo modo autem tu de re publica bene meritus esses, cum tot sceleratos incolumi dignitate esse uoluisses ? Secessionem tu illam existimauisti, Caesar, initio, non bellum, nec hostile odium sed ciuile discidium, utrisque cupientibus rem publicam saluam, sed partim consiliis partim studiis a communi utilitate aberrantibus. Principum dignitas erat paene par, non par fortasse eorum qui sequebantur ; causa tum dubia, quod erat aliquid in utraque parte quod probari posset ; nunc melior ea iudicanda est quam etiam di adiuuerunt. Cognita uero clementia tua quis non eam uictoriam probet in qua occiderit nemo nisi armatus ?

VII **20** Sed ut omittam communem causam, ueniamus ad nostram. Vtrum tandem existimas facilius fuisse, Tubero, Ligario ex Africa exire, an uobis

18 ex te quisquam αγ : q. ex te β || propulsare αβ*a* : -ari *hm* || uti α : ut βγ || ciuibus βγ : *om.* α.
19 Caesar β : *om.* αγ || cum tot αβ : si tot γ || nec αγ : neque β || saluam αβ : esse *add.* γ || melior αβ : certe *add.* γ.
20 Ligario α : -um βγ || exire... Africam *om.* γ || uobis : D[1] : nobis α uos *D*[2]*BE*.

aller ? « Pouvions-nous, diras-tu, désobéir au Sénat ? » Si tu veux mon opinion, évidemment non ! Il n'empêche que c'était aussi du Sénat que Ligarius avait reçu sa légation. Et de plus ce dernier obéit à un moment où l'obéissance au Sénat était une nécessité ; vous, vous avez obéi à un moment où n'obéit que qui le voulut bien. Est-ce à dire que je vous en blâme ? Nullement : c'était la seule attitude possible, vu votre naissance, votre nom, votre famille, votre éducation. Mais je n'admets pas que vous reprochiez à d'autres ce dont vous êtes fiers pour vous-mêmes. **21** La fonction de Tubéron lui fut assignée par le sort en vertu d'un sénatus-consulte, alors qu'il était absent, et même retenu par la maladie ; il avait résolu de refuser. Je le sais grâce à tous les liens qui m'unissent à L. Tubéron : élevés ensemble à Rome, camarades à l'armée [1], ensuite parents par alliance [2], notre vie est une longue intimité dont le lien fut encore resserré par une constante communauté de goûts. Je sais que Tubéron voulut rester à Rome ; mais on insistait tellement, on faisait résonner si haut le nom sacré de la République que, même s'il les désapprouvait, il ne pouvait résister à des arguments d'un tel poids. Il céda à l'autorité d'un très grand personnage, ou plutôt obéit. **22** Il partit en même temps que ceux qui étaient dans la même situation [3] ; il voyagea assez lentement, aussi trouva-t-il l'Afrique déjà occupée. Voilà l'origine de l'accusation ou plutôt du ressentiment contre Ligarius. Car si l'intention fait le crime, vous n'êtes pas moins coupables, vous qui avez eu l'intention d'occuper l'Afrique, la plus forte de toutes les provinces, naturelle ennemie de Rome,

derrière lui presque toute l'aristocratie, César (d'après Cic. *Ad Att.*, VII, 5), toute la pègre. La franchise aboutit à un éloge habile : le vainqueur n'a que plus de mérite à garder propre sa victoire.

1. De Pompeius Strabo, pendant la Guerre Sociale, en 665/89.
2. Cf. *supra*, I, 1, note.
3. C'est-à-dire envoyés par le Sénat dans une province au moment de la guerre civile.

in Africam non uenire ? « Poteramusne », inquies, « cum senatus censuisset ? » Si me consulis, nullo modo ; sed tamen Ligarium senatus idem legauerat. Atque ille eo tempore paruit cum parere senatui necesse erat, uos tum paruistis cum paruit nemo qui noluit. Reprehendo igitur ? Minime uero ; neque enim licuit aliter uestro generi, nomini, familiae, disciplinae. Sed hoc non concedo ut quibus rebus gloriemini in uobis easdem in aliis reprehendatis. **21** Tuberonis sors coniecta est ex senatus consulto, cum ipse non adesset, morbo etiam impediretur ; statuerat excusari. Haec ego noui propter omnis necessitudines, quae mihi sunt cum L. Tuberone ; domi una eruditi, militiae contubernales, post adfines, in omni uita familiares ; magnum etiam uinculum quod isdem studiis semper usi sumus. Scio Tuberonem domi manere uoluisse ; sed ita quidam agebant, ita rei publicae sanctissimum nomen opponebant ut, etiam si aliter sentiret, uerborum tamen ipsorum pondus sustinere non posset. Cessit auctoritati amplissimi uiri uel potius paruit. **22** Una est profectus cum iis quorum erat una causa ; tardius iter fecit ; itaque in Africam uenit iam occupatam. Hinc in Ligarium crimen oritur uel ira potius. Nam si crimen est uoluisse, non minus magnum est uos Africam, arcem omnium prouinciarum, natam ad bellum contra hanc urbem geren-

20 Africam : -ca *C.* || tum αγ : tunc β.
21 Tuberonis αγ : -ni β || excusari *HC*[2] : -are *C*[1]*AV* βγ || domi βγ : domo α || omni α : denique *add.* βγ || scio αγ : igitur *add.* β || agebant... opponebant α*D*γ : -bat... -bat *BE* || uerborum β*hm* *Schol.* Gronov. : uirorum α*a*.
22 uoluisse *Baiter* : prohibere illa uol. α*a* illum uol. β*hm*.

qu'un autre qui a préféré s'y voir à votre place. Cet autre cependant ne fut pas Ligarius : Varus disait que le commandement lui appartenait ; il avait en tous cas les faisceaux. **23** Quoi qu'il en soit sur ce point, que vaut, Tubéron, votre grief : « Nous n'avons pas été admis dans la province ? » Et si vous l'aviez été ? aviez-vous l'intention de la livrer à César ou de la défendre contre César ?

VIII Vois, César, combien ta générosité me donne d'indépendance ou plutôt de hardiesse. Si Tubéron répond que son père t'aurait livré l'Afrique, où le Sénat et le sort l'avaient envoyé, je n'hésiterai pas en ta présence même, malgré l'intérêt que la chose avait pour toi, à le blâmer dans les termes les plus sévères. Car si le résultat avait de quoi te plaire, le procédé n'aurait pas eu pour autant ton approbation. **24** Mais je laisse là toute cette question, et je n'importunerai ton oreille indulgente que pour épargner à Tubéron d'être soupçonné d'une intention qu'il n'a jamais eue.

Vous veniez donc en Afrique, province hostile entre toutes à la victoire de César, où sa cause rencontrait l'inimitié d'un roi très puissant [1] et où la colonie, nombreuse et forte, était mal disposée à son égard [2]. Quelles furent vos intentions ? je vous le demande. Mais puis-je hésiter sur vos intentions, quand je vois vos actes ? On vous a empêchés de mettre le pied dans votre province, et cela de la manière la plus outrageante. **25** Comment l'avez-vous supporté ? A qui vous êtes-vous plaints

1. Juba, roi de Numidie ; à une vieille rancune personnelle contre César (Suétone, *César*, 71) et contre son lieutenant en Afrique, Curion (cf. *B. Ciu.* II, 25, 4), s'ajoutait la reconnaissance envers Pompée qui en 673 /81 avait rétabli son père Hiempsal sur le trône d'où il avait été chassé par Domitius Ahénobarbus, chef du parti de Marius en Afrique. Sur l'attitude de Juba envers les Romains après Pharsale cf. *Notice*. p. 55.

2. Il s'agit des Romains, publicains, fonctionnaires, commerçants, établis en Afrique. Dans plusieurs passages du *B. Ciu.* César emploie

dum, obtinere uoluisse quam aliquem se maluisse. Atque is tamen aliquis Ligarius non fuit ; Varus imperium se habere dicebat ; fascis certe habebat. **23** Sed quoquo modo se illud habet, haec querela, Tubero, uestra quid ualet : « Recepti in prouinciam non sumus » ? Quid, si essetis ? Caesarine eam tradituri fuistis, an contra Caesarem retenturi ?

VIII Vide quid licentiae nobis, Caesar, tua liberalitas det uel potius audaciae. Si responderit Tubero Africam, quo senatus eum sorsque miserat, tibi patrem suum traditurum fuisse, non dubitabo apud ipsum te, cuius id eum facere interfuit, grauissimis uerbis eius consilium reprehendere. Non enim si tibi ea res grata fuisset, esset etiam adprobata. **24** Sed iam hoc totum omitto, non ultra offendam tuas patientissimas auris quam ne Tubero quod numquam cogitauit facturus fuisse uideatur.

Veniebatis igitur in Africam, in prouinciam unam ex omnibus huic uictoriae maxime infensam, in qua rex potentissimus, inimicus huic causae, aliena uoluntas conuentus firmi atque magni. Quaero, quid facturi fuistis ? Quamquam quid facturi fueritis dubitem, cum uideam quid feceritis ? Prohibiti estis in prouincia uestra pedem ponere, et prohibiti summa cum iniuria. **25** Quo modo id tulistis ? Acceptae iniu-

23 habet αγ : -eat β || fuistis α : fuissetis βγ || nobis Caesar *C* : C. n. *cett.* || adprobata *CAa* : eadem prob- *H* prob. β*hm*.

24 non ultra α : non tra (*suprascr.* ul, *dein eras.*) *C* non tam ne *Dm* non tam ut non *ah* non tam propter id ne *BE* || in Africam in prouinciam *AVC*[1] : in pr. in Af. *H* in Af. pr. C[2] βγ in pr. *Clark* || infensam α : infestam βγ || rex. α*am* : erat rex β rex erat *h* || fuistis αβ : fuissetis γ || dubitem α*D* : non dub. *BE*γ || et prohibiti αβ : ut prohibitis *m* ut perhibetis *ah*.

de l'affront subi ? Évidemment au chef dont l'autorité vous avait amenés à le rejoindre dans le conflit. Si c'était pour César que vous veniez dans la province, c'est sans nul doute auprès de lui que, repoussés de la province, vous seriez allés : or vous avez rejoint Pompée. Que signifie alors votre plainte devant César contre un homme que vous accusez de vous avoir empêchés de faire la guerre à César ? Vantez-vous donc ici, je vous le permets, même au prix d'un mensonge, si vous voulez, d'avoir eu l'intention de livrer la province à César. Même si c'est Varus et quelques autres qui vous en ont empêchés, je n'en confesserai pas moins que c'est la faute de Ligarius si vous avez été frustrés d'une occasion si glorieuse[1].

IX 26 Mais vois, je te prie, César, la constance de l'honorable L. Tubéron ; malgré tout le cas que j'en fais, je n'en parlerais pas, si je ne savais que cette qualité est de celles que tu prises le plus. Donc, vit-on jamais chez un homme pareille constance ? quand je dis constance, je ferais peut-être mieux de dire endurance. Car combien auraient consenti, après s'être vus au cours d'une guerre civile refusés par un parti, et même repoussés avec cruauté [2], à revenir à ce parti-là ? Voilà qui est bien d'un grand cœur, d'un homme que nul affront, nulle violence, nul danger ne sauraient détourner de l'action entreprise et de la décision adoptée. 27 Supposons

le mot *conuentus* pour désigner l'ensemble des citoyens romains installés à Utique, Thapsus, Hadrumète. Durant que César était en Gaule, Pompée et le Sénat avaient dû peupler les provinces de leurs créatures. Après sa victoire César les frappa d'une forte amende (*Bel. Afric.*, 97).

1. Argumentation assez subtile : Tubéron repoussé d'Afrique a rejoint Pompée ; c'est donc à Pompée qu'il l'eût livrée s'il avait pu ; donc ceux qui lui ont fait échec ont rendu service à César ; or Tubéron accuse Ligarius de son échec ; c'est donc Ligarius qui a rendu service à César ; même si Tubéron prétendait avoir voulu livrer l'Afrique à César, Cicéron accepterait la responsabilité de Ligarius dans l'échec, car nul ne croirait Tubéron, et Ligarius resterait celui qui empêcha Tubéron de nuire à César.

2. Allusion à l'état de santé du fils (cf. *Notice*, p. 54).

riae querelam ad quem detulistis ? Nempe ad eum cuius auctoritatem secuti in societatem belli ueneratis. Quod si Caesaris causa in prouinciam ueniebatis, ad eum profecto exclusi prouincia uenissetis ; uenistis ad Pompeium. Quae est ergo apud Caesarem querela, cum eum accusetis a quo queramini prohibitos uos contra Caesarem gerere bellum ? Atque in hoc quidem uel cum mendacio, si uultis, gloriemini per me licet uos prouinciam fuisse Caesari tradituros. Etiam si a Varo et a quibusdam aliis prohibiti estis, ego tamen confitebor culpam esse Ligari qui uos tantae laudis occasione priuauerit.

IX **26** Sed uide, quaeso, Caesar, constantiam ornatissimi uiri, L. Tuberonis, quam ego quamuis ipse probarem ut probo, tamen non commemorarem nisi a te cognouissem in primis eam uirtutem solere laudari. Quae fuit igitur umquam in ullo homine tanta constantia ? constantiam dico ? nescio an melius patientiam possim dicere. Quotus enim istud quisque fecisset, ut a quibus partibus in dissensione ciuili non esset receptus, essetque etiam cum crudelitate reiectus, ad eas ipsas partis rediret ? Magni cuiusdam animi atque eius uiri quem de suscepta causa propositaque sententia nulla contumelia, nulla uis, nullum periculum possit depellere. **27** Ut enim cetera paria

25 prohibitos uos α : uos pr. γ : pr. esse uos β || uultis *αBa* : uelitis *DE* uis *hm* PRISCIAN. *G.L.* III 367,8 || gloriemini *αB*[1]*a* : -iari *B*[2]*DEhm* PRISCIAN. *l. c.* || a quibusdam *AV*βγ : a *om. HC* || estis *C*[1] *Garatoni* : essetis *C*[2] *cett.* || priuauerit : priuarit *C.*

26 *Inde a* § 26 *legi non potest m, codice σ utimur* || uiri *om. E* || L *om.* β || constantia *om. V* || constantiam *om. A* || istud : istuc *C* || essetque etiam αγ : esset etiam β || eas ipsas partis : *αασ* : eas ipsas *h* eos ipsos β.

en effet toutes qualités égales chez Tubéron et chez Varus : considération, noblesse, gloire, intelligence (ce qui n'était pas le cas)[1] ; il reste du moins à l'avantage de Tubéron qu'il était arrivé dans sa province avec des pouvoirs réguliers qu'il tenait d'un sénatus-consulte[2]. Il en est écarté ; ce n'est pas auprès de César qu'il se rend, on aurait cru à de la colère ; ni à Rome, on aurait cru à un renoncement ; ni dans quelque province, on aurait cru à une condamnation de la cause qu'il avait suivie ; c'est en Macédoine, au camp de Pompée, au cœur même du parti qui l'avait ignominieusement rejeté. **28** Et ensuite ? Votre aventure n'ayant guère ému celui que vous aviez rejoint [3], votre ardeur pour sa cause a, me semble-t-il, un peu faibli ; vous figuriez bien sur les rangs, mais au fond vous répugniez à la cause ; ou bien, comme souvent dans les guerres civiles... † <Non, le zèle partisan n'a point faibli>, pas plus chez vous que chez les autres ; car tous nous étions possédés du désir de vaincre. Il est vrai que j'ai toujours conseillé la paix ; mais alors il était trop tard : c'eût été folie sur le champ de bataille de songer à la paix. Tous, dis-je, nous voulions vaincre : et toi surtout qui avais poussé les choses à un point tel qu'il te fallait vaincre ou périr ; encore que, dans la situation présente, j'en suis sûr, tu aimes mieux être sauvé comme tu l'es qu'avoir alors remporté la victoire. X **29** Je ne parlerais pas ainsi, Tubéron, si vous vous repentiez, vous de votre constance ou César de sa bonté. Et je voudrais savoir qui, de vous ou de la République, vous prétendez venger ? Si c'est la République, comment expliquerez-vous votre fidélité à l'autre parti ? si c'est vous-

1. Tant par sa valeur personnelle que par sa naissance Tubéron l'emportait de loin sur Varus (cf. *Notice*, p. 54 et *sup.*, I, 3, n-1).

2. Il eût fallu en outre la ratification par les comices curiates ; ses pouvoirs n'étaient donc pas tout à fait réguliers.

3. Que pouvait faire Pompée pour lui ? D'ailleurs il n'avait pas besoin de Tubéron : Varus, rallié à lui, luttait avec succès en Afrique.

Tuberoni cum Varo fuissent, honos, nobilitas, splendor, ingenium, quae nequaquam fuerunt, hoc certe praecipuum Tuberonis quod iusto cum imperio ex senatus consulto in prouinciam suam uenerat. Hinc prohibitus non ad Caesarem, ne iratus, non domum, ne iners, non aliquam in regionem, ne condemnare causam illam quam secutus esset uideretur ; in Macedoniam ad Cn. Pompei castra uenit, in eam ipsam causam a qua erat reiectus iniuria. **28** Quid ? cum ista res nihil commouisset eius animum ad quem ueneratis, languidiore, credo, studio in causa fuistis ; tantum modo in praesidiis eratis, animi uero a causa abhorrebant ; an, ut fit in ciuilibus bellis, × × nec in uobis magis quam in reliquis ? omnes enim uincendi studio tenebamur. Pacis equidem semper auctor fui, sed tum sero ; erat enim amentis, cum aciem uideres, pacem cogitare. Omnes, inquam, uincere uolebamus : tu certe praecipue, qui in eum locum uenisses, ubi tibi esset pereundum nisi uicisses ; quamquam, ut nunc se res habet, non dubito quin hanc salutem anteponas illi uictoriae.

X **29** Haec ego non dicerem, Tubero, si aut uos constantiae uestrae aut Caesarem benefici sui paeniteret. Nunc quaero utrum uestras iniurias an rei publicae persequamini ? Si rei publicae, quid de uestra in illa causa perseuerantia respondebitis ?

27 honos βaσ : *om.* α*h* || aliquam in αγ Rufinian. *Rh. L.* 46, 27 : in al. β || esset αγ : erat β || ad Cn. : in Cn. *C* || iniuria αβ : cum ini. γ.
28 bellis : *hic lac. statuit Madvig Opusc. acad.* I 456 ; II 325 || nec : neque *C* || sero erat : sero erat, erat *Madvig, Opusc. acad. I.* 158 *fortasse recte* ; *post* sero erat *deest* *C* || praecipue βγ : *om.* α || uenisses αγ : ueneras β || tibi βγ : *om.* α.

mêmes, ne commettez pas l'erreur de compter sur César pour sévir contre vos ennemis quand il a pardonné aux siens.

Aussi me vois-tu, César, préoccupé de la cause même de Ligarius et discutant les faits ? Non, par tout ce que j'ai dit j'entends faire appel uniquement à ta bonté, à ta clémence, à ta pitié.

DÉPRÉCATION. 30 J'ai certes plaidé bien des causes avec toi, César, quand les intérêts de ta carrière t'ont retenu au Forum [1] ; jamais tu ne m'as entendu dire : « Pardonnez, juges ; il a failli, c'est un égarement, il ne croyait pas... ; si jamais à l'avenir... ». C'est devant un père qu'on plaide ainsi ; mais à des juges on dit : « Il est innocent, de fait comme d'intention ; les témoins mentent, toute l'affaire est un faux ». Dis, César, que tu veux n'examiner qu'en juge [2] la conduite de Ligarius, cherche dans quelle armée il s'est rangé ; alors je me tais, j'abandonne jusqu'à ces arguments qui vaudraient peut-être même devant un juge : « Parti comme légat avant la guerre, laissé seul en pleine paix, la guerre le surprend ; il y participe sans haine, et de tout son cœur, de toute son âme il te reste dévoué ». Voilà pour le juge ; mais c'est à un père que je parle : « Je me suis trompé, j'ai été imprudent, je me repens ; je me réfugie dans ta clémence, je demande le pardon de ma faute, j'implore ta grâce ». Si nul ne t'a fléchi, je suis présomptueux ; mais si tu pardonnas souvent, sois aussi notre soutien, toi qui fus notre espérance. 31 Tout espoir me sera-t-il ôté pour Ligarius, quand il m'est permis à moi de te supplier pour autrui ? Mais ce n'est ni sur ma plaidoirie que repose l'espoir de notre

1. César avait acquis très jeune une grande réputation d'orateur judiciaire (SUÉTONE, *César*, 55), ce qui était le point de départ presque obligatoire d'une carrière politique et le meilleur moyen d'entretenir une popularité, *ratio honorum* ; cf. *Pro rege Deiotaro*, II, 7.

2. Et non en adversaire victorieux, ce que César cependant ne cessait d'être ; il était donc à la fois juge et partie.

si uestras, uidete ne erretis qui Caesarem uestris inimicis iratum fore putetis, cum ignouerit suis.

Itaque num tibi uideor in causa Ligari esse occupatus, num de eius facto dicere ? Quidquid dixi, ad unam summam referri uolo uel humanitatis uel clementiae uel misericordiae tuae.

30 Causas, Caesar, egi multas, equidem tecum, dum te in foro tenuit ratio honorum tuorum, certe numquam hoc modo : « Ignoscite, iudices, errauit, lapsus est, non putauit, si umquam posthac... ». Ad parentem sic agi solet ; ad iudices : « Non fecit, non cogitauit ; falsi testes, fictum crimen ». Dic te, Caesar, de facto Ligari iudicem esse, quibus in praesidiis fuerit quaere ; taceo, ne haec quidem colligo quae fortasse ualerent etiam apud iudicem : « Legatus ante bellum profectus, relictus in pace, bello oppressus, in eo ipso non acerbus, totus animo et studio tuus ». Ad iudicem sic, sed ego apud parentem loquor : « Erraui, temere feci, paenitet ; ad clementiam tuam confugio, delicti ueniam peto, ut ignoscatur oro ». Si nemo impetrauit, adroganter ; si plurimi, tu idem fer opem qui spem dedisti. **31** An sperandi de Ligario causa non erit, cum mihi apud te locus sit etiam pro altero deprecandi ? Quamquam nec in hac oratione spes est posita causae nec in eorum

29 misericordiae tuae αγ : tuae *om.* β.

30 equidem *A*γ : et quidem *HV*β || quaere β*hσ* : quaerere *aa* || acerbus αβ : fuit *add.* γ || totus animo α*a* : tametsi totus an. βσ tam. totus *h* || et studio αγ : ac st. β || sic α*hσ* : sic agi solet β*a* || apud β : ad αγ || erraui... feci αβ : -uit... fecit γ || ignoscatur αβ : -cas γ.

31 de Ligario α : de *om.* βγ Quintil. *V* 10, 93 || non erit α : non sit βγ Quintil. *l. c.*

cause, ni dans les efforts de ceux qui te demandent grâce pour Ligarius et qui sont tes amis [1].

XI Car j'ai vu et je sais ce qu'avant tout tu considérais quand tout un groupe s'évertuait à sauver un concitoyen ; les mobiles des solliciteurs avaient plus d'influence sur toi que leurs personnes, et tu regardais moins l'amitié qui te liait aux suppliants que celle qu'ils avaient pour leur protégé. Aussi, quoique ta générosité soit si grande envers tes amis que les bénéficiaires m'en paraissent parfois plus opulents que toi-même qui les combles, je constate néanmoins, je le répète, que les mobiles des suppliants ont plus d'influence sur toi que leurs prières, et que tu te laisses d'autant plus émouvoir que tu trouves plus justifiée la douleur de ceux qui t'implorent.

32 Or en sauvant Ligarius tu feras certes plaisir à beaucoup de tes amis ; mais ce que je te prie de considérer surtout, comme tu le fais toujours, c'est que je puis te présenter les plus valeureux Sabins, des hommes qui ont toute ton estime, le pays sabin tout entier, fleur de l'Italie et force de la République, — tu les connais bien [2] — ; regarde leur tristesse et leur douleur à tous ; voici T. Brocchus, dont je sais quel bien tu penses, voici son fils ; leurs larmes et leur deuil à tous deux, tu les vois.

33 Que dirai-je de ses frères ? Ne crois pas, César, que ce soit le sort d'un seul homme qui est ici en jeu : ou tu conserveras dans la cité les trois Ligarius, ou tu les en chasseras tous les trois. N'importe quel exil est pour eux préférable à la patrie, à la famille, aux dieux pénates,

1. Vibius Pansa entres autres ; cf. *supra*, I, 1, n. 2 et III, 7. En affirmant qu'il ne veut pas spéculer sur leur influence auprès de César il donne encore plus de poids à leur intervention.

2. Les Ligarii étaient originaires de la Sabine, pays réputé pour le courage de ses hommes. Obligé de se soustraire à la fureur de Sylla en 672 /82, César tout jeune avait trouvé chez ces gens rudes et fidèles un refuge (Plutarque, *César*, I). L'évocation de ce passé lointain est, dans sa brièveté, doublement habile : Sylla se nomme aujourd'hui César, et ce sont des Sabins qui intercèdent.

studiis qui a te pro Ligario petunt tui necessarii.

XI Vidi enim et cognoui quid maxime spectares cum pro alicuius salute multi laborarent, causas apud te rogantium gratiosiores esse quam uoltus neque te spectare quam tuus esset necessarius is qui te oraret, sed quam illius, pro quo laboraret. Itaque tribuis tu quidem tuis ita multa ut mihi beatiores illi uideantur interdum, qui tua liberalitate fruantur, quam tu ipse, qui illis tam multa concedas ; sed uideo tamen apud te, ut dixi, causas ualere plus quam preces, ab eisque te moueri maxime quorum iustissimum uideas dolorem in petendo.

32 In Q. Ligario conseruando multis tu quidem gratum facies necessariis tuis, sed hoc, quaeso, considera, quod soles ; possum fortissimos uiros Sabinos tibi probatissimos totumque agrum Sabinum, florem Italiae ac robur rei publicae, proponere, — nosti optime homines — ; animaduerte horum omnium maestitiam et dolorem ; huius T. Brocchi, de quo non dubito quid existimes, lacrimas squaloremque ipsius et fili uides.

33 Quid de fratribus dicam ? Noli, Caesar, putare, de unius capite nos agere ; aut tres Ligarii retinendi tibi in ciuitate sunt aut tres ex ciuitate exterminandi. Quoduis exsilium his est optatius quam patria, quam

31 uoltus αγ : preces β || quam illius αβ*a* : quae illius causa *h*σ || tribuis tu α : tribuisti γ tribuis β || beatiores illi ασ : b. illi esse *BD* b. esse illi *E* esse b. illi *ah* || fruantur α*a* : -untur β*h*σ || ut dixi causas α : c. ut d. β ut d. c. rogantium γ.

32 optime αγ : -mos β

33 tres Lig. ret. tibi α : tres tibi Lig. ret. β : tres Lig. tibi ret. γ || ex *AVB*γ : e *HDE* || quod uis αγ : nam quod uis β.

si Quintus seul est en exil. Ce sont des frères, des cœurs aimants et douloureux qui te parlent : laisse-toi toucher par ces larmes, par cet attachement, par cet amour fraternel ! Qu'elle s'accomplisse cette parole qui a fait ta victoire ! Tu disais, à ce qu'on nous rapportait, que nous tenions pour ennemis tous ceux qui n'étaient pas avec nous, tandis que toi tu tenais pour amis tous ceux qui n'étaient pas contre toi [1]. Vois-tu donc toute cette brillante élite, la famille des Brocchus, L. Marcius, C. Caesetus, L. Corfidius [2], tous ces chevaliers romains qui sont ici en tenue de suppliants ? Tu les connais, tu les estimes. Ce sont des hommes à qui nous en voulions, dont nous condamnions l'absence, que certains [3] même menaçaient. Conserve donc à tes amis leurs amis, pour qu'une fois de plus la parole de César se révèle synonyme de vérité.

XII 34 Si tu pouvais voir jusqu'à quel point l'entente règne entre les Ligarius, tu en conclurais que les trois frères étaient de ton côté. Qui douterait que, si Quintus avait pu être en Italie, il eût choisi comme ses frères. Connaissant l'unité de pensée de ces esprits fraternels, pour ainsi dire coulés dans le même moule, qui donc ne sentirait que tout aurait été possible hormis de voir ces frères suivre des idées ou des destinées divergentes ? Leur volonté les portait vers toi, la tempête a emporté l'un d'eux ; mais se fût-il écarté à dessein, il n'eût fait qu'agir comme tant d'autres qui ont cependant trouvé grâce à tes yeux.

1. « Pompée quittant Rome avait dit au Sénat qu'il mettrait sur le même plan ceux qui seraient restés à Rome et ceux qui auraient été dans le camp de César. » (*B. Ciu.*, I, 33) ; « César déclara que ceux qui ne seraient d'aucun parti compteraient à ses yeux pour des amis. » (Suétone, *César*, 75).

2. Erreur de Cicéron remaniant son discours pour la publication ; cf. *Notice*, p. 61. Tous les personnages cités ici nous sont inconnus.

3. Les fanatiques, extrémistes de toutes les causes successives, qui sans doute furent ensuite les plus empressés aux pieds du vainqueur.

domus, quam di penates uno illo exsulante. Si fraterne, si pie, si cum dolore faciunt, moueant te horum lacrimae, moueat pietas, moueat germanitas ; ualeat tua uox illa, quae uicit. Te enim dicere audiebamus nos omnis aduersarios putare nisi qui nobiscum essent, te omnis qui contra te non essent tuos. Videsne igitur hunc splendorem omnem, hanc Brocchorum domum, hunc L. Marcium, C. Caesetium, L. Corfidium, hos omnis equites Romanos, qui adsunt ueste mutata, non solum notos tibi, uerum etiam probatos uiros ? Atque his irascebamur, hos requirebamus, his non nulli etiam minabantur. Conserua igitur tuis suos ut, quem ad modum cetera quae dicta sunt a te, sic hoc uerissimum reperiatur.

XII **34** Quod si penitus perspicere posses concordiam Ligariorum, omnis fratres tecum iudicares fuisse. An potest quisquam dubitare quin, si Q. Ligarius in Italia esse potuisset, in eadem sententia futurus fuerit in qua fratres fuerunt ? Quis est qui horum consensum conspirantem et paene conflatum in hac prope aequalitate fraterna nouerit, qui hoc non sentiat quiduis prius futurum fuisse quam ut hi fratres diuersas sententias fortunasque sequerentur ? Voluntate igitur omnes tecum fuerunt, tempestate abreptus est unus, qui si consilio id fecisset, esset eorum similis quos tu tamen saluos esse uoluisti.

33 uno illo βγ : illo uno α || splendorem omnem αγ : spl. omnium β || *post* uiros *add.* tecum fuisse αγ qui tecum fuerunt β *quae uerba del. Clark e coni. Nohl e cod. Barberino* ; *glossema ut uid. ex* § 34 *ortum* || minabantur αγ : -abamur β.

34 futurus fuerit αγ : fuisset futurus β || nouerit qui *Hansing, edd.* : non nouerit ? qui *codd. omnes Orelli ex praua sententiae interpretatione.*

35 Mais supposons qu'il soit parti pour te combattre, qu'il se soit séparé non seulement de toi, mais aussi de ses frères : c'est encore eux, tes amis, qui t'implorent. Quant à moi, pour avoir été mêlé à toute ton activité, je garde le souvenir de ce que T. Ligarius, alors questeur urbain, fut pour toi et pour ta dignité [1]. Mais il ne suffit pas que moi je m'en souvienne ; j'espère que toi aussi, qui n'oublies jamais que les injures — comme c'est bien ton caractère et ton esprit ! — tu te rappelles les bons offices de ce questeur, quand tu repenses à certains de ses collègues [2]. **36** Voici donc T. Ligarius, dont alors la seule ambition — il ne prévoyait pas ce qui est arrivé — était de te montrer son zèle pour toi et son honnêteté : aujourd'hui il vient en suppliant te demander la grâce de son frère. Si, en souvenir de son dévouement, tu les exauces l'un et l'autre ici présents, c'est trois frères, les meilleurs et les plus honnêtes, que tu rends à eux-mêmes, à toute cette élite de Rome, à nous qui sommes tes amis, et surtout à la République.

37 Le geste que tu as eu envers un de nos plus illustres concitoyens [3] récemment devant le Sénat, répète-le aujourd'hui sur le Forum pour ces frères qu'entoure de la plus haute estime toute cette nombreuse assistance. Si tu as accordé celui-là aux sénateurs, accorde celui-ci au peuple, dont la volonté te fut toujours si chère ; et si ce jour de pardon fut pour toi jour de gloire, pour le peuple romain jour de bonheur, n'hésite pas, je t'en supplie, César, à rechercher le plus souvent possible une gloire comme celle-là. Rien ne touche le peuple comme la

1. Allusion vague à un service rendu à César par T. Ligarius en qualité de questeur urbain ; on a supposé qu'en 698 /56 il lui aurait permis, malgré les embarras du Trésor, de toucher rapidement la solde de son armée de Gaule, dont le Sénat, sur proposition de Cicéron, venait de lui accorder le paiement.

2. Ils avaient dû susciter à César des difficultés, tandis que T. Ligarius l'avait aidé. On ne sait rien sur cette affaire.

3. M. Marcellus (cf. le discours précédent).

35 Sed ierit ad bellum, dissenserit non a te solum, uerum etiam a fratribus ; hi te orant tui. Equidem, cum tuis omnibus negotiis interessem, memoria teneo qualis T. Ligarius quaestor urbanus fuerit erga te et dignitatem tuam. Sed parum est me hoc meminisse, spero etiam te, qui obliuisci nihil soles nisi iniurias, — quam hoc est animi, quam etiam ingeni tui ! — te aliquid de huius illo quaestorio officio, etiam de aliis quibusdam quaestoribus reminiscentem, recordari.

36 Hic igitur T. Ligarius, qui tum nihil egit aliud — neque enim haec diuinabat — nisi ut tui eum studiosum et bonum uirum iudicares, nunc a te supplex fratris salutem petit. Quam huius admonitus officio cum utrisque his dederis, tris fratres optimos et integerrimos non solum sibi ipsos neque his tot, talibus uiris neque nobis necessariis tuis, sed etiam rei publicae condonaueris.

37 Fac igitur quod de homine nobilissimo et clarissimo fecisti nuper in curia, nunc idem in foro de optimis et huic omni frequentiae probatissimis fratribus. Ut concessisti illum senatui, sic da hunc populo, cuius uoluntatem carissimam semper habuisti, et si ille dies tibi gloriosissimus, populo Romano gratissimus fuit, noli obsecro dubitare, C. Caesar, similem illi gloriae laudem quam saepissime quaerere. Nihil

35 quam... quam β*hσ* : quam... tam α*a* quoniam... quoniam *edd.* cum... tum *Clark.*

36 tui eum *Patricius* : tu eum βγ eum tui *AV* eum tuis *H* || ipsos αβ*a* : ipsis *hσ* || tot talibus α*BD* : tot ac tal. *E*γ || necessariis tuis β : tuis *om.* αγ.

37 clarissimo fecisti αβ : clar. M. Marcello restituto f. γ.

bonté, et de toutes tes vertus aucune ne mérite plus d'admiration et de reconnaissance que la pitié. **38** Car l'homme n'est jamais aussi près d'être un dieu qu'en sauvant un autre homme. Ce qu'il y a de plus grand dans ton destin c'est de pouvoir sauver d'innombrables vies, ce qu'il y a de meilleur dans ta nature c'est de le vouloir.

La cause demanderait peut-être une plus longue plaidoirie ; une plus brève eût suffi pour un cœur comme le tien. Aussi, convaincu que tu ne saurais écouter voix plus persuasive que celle de ta conscience, je terminerai sur ces simples mots : en sauvant la vie de celui qui est au loin, tu vas la rendre à ceux qui sont ici.

est tam populare quam bonitas, nulla de uirtutibus tuis plurimis nec admirabilior nec gratior misericordia est. 38 Homines enim ad deos nulla re propius accedunt quam salutem hominibus dando. Nihil habet nec fortuna tua maius quam ut possis, nec natura melius quam ut uelis seruare quam plurimos.

Longiorem orationem causa forsitan postulet, tua certe natura breuiorem. Quare cum utilius esse arbitrer te ipsum quam aut me aut quemquam loqui tecum, finem iam faciam ; tantum te admonebo, si illi absenti salutem dederis, praesentibus te his daturum.

38 salutem hom. dando αβ*a* : salute hom. danda *hσ* || postulet *H* : -at *AV*βγ || aut me αγ : aut *om.* β || si illi : *hic rursus adest C* || te his daturum α : his te d. γ : his omnibus d. β.

POUR LE ROI DÉJOTARUS

NOTICE

Après le démembrement de l'empire d'Alexandre, au cours du IIIe siècle av. J.-C. une population d'origine celtique, les Galates, s'était installée au centre de l'Asie Mineure dans la région supérieure de l'Halys et du Sangarios, entre les royaumes de Pont au nord, de Bithynie et de Pergame à l'ouest et au sud, de Cappadoce à l'est ; elle donna son nom à cette contrée, qui s'appela dès lors la Galatie, ou encore Gallogrécie à cause du mélange qui se fit entre Grecs et nouveaux occupants. Les Galates subirent dans leurs mœurs et croyances l'influence superficielle de la civilisation hellénique, mais ils conservèrent, avec leur type gaulois et leur langue celtique, les traditions guerrières de leurs ancêtres et leurs divisions politiques [1].

Le peuple galate comprenait trois groupes distincts : les Trocmes, les Tolistoboiens et les Tectosages ; chacun d'eux était gouverné primitivement par quatre princes qui, comme dans d'autres états d'Asie Mineure, prirent le titre de « tétrarque », et le conservèrent même quand, à la suite de luttes intérieures, un d'entre eux rassemblait plusieurs tétrarchies sous sa puissance despotique.

Déjotarus. A la fin du second siècle av. J.-C. un des tétrarques de la Galatie occidentale était Déjotarus, qui étendit peu à peu sa domination sur l'ensemble du pays, conser-

1. Sur la Galatie et les Galates on peut consulter : P. Jouguet. *L'impérialisme macédonien et l'hellénisation de l'Orient* (Paris : Coll. *Évolution de l'Humanité*, 1926) ; H. Hubert, *Les Celtes*, 2 vol., Paris, 1932. Sur la politique romaine en Orient et sur Déjotarus : B. Niese, dans *Rheinisches Museum*, 1883, XXXVIII, pp. 584-593 ; W. Judeich, *Caesar im Orient*, Leipzig, 1885 ; M. Rostovtzeff, *Caesar and the South of Russia* (Journal af Roman Studies, 1917, p. 27 sqq). ; Drumann-Groebe, *Geschichte Roms*, VI, pp. 256-260 ; J. Carcopino, *César*, passim.

vant, dans sa tétrarchie d'origine, sa résidence principale à Blucium et son trésor à Péium [1]. C'était, à ce qu'il semble, un homme actif et courageux, mais ambitieux aussi et rusé : se rendant tout de suite compte du danger que représentaient pour lui les visées de Mithridate Eupator à l'hégémonie sur l'Asie Mineure, il se rangea aux côtés de Rome : dès 664/90 il fournit des troupes à Manius Aquillius chargé par le Sénat de rétablir les rois Nicomède III de Bithynie et Ariobarzane de Cappadoce, tous deux détrônés à l'instigation secrète de Mithridate. Lorsqu'en 666/88 éclata la guerre ouverte entre les Romains et le roi de Pont, la Galatie fut envahie par ce dernier, qui se présentait en libérateur des populations hellènes et asiatiques ; la plupart des chefs galates furent mis à mort avec femmes et enfants, le pays converti en satrapie ; mais Déjotarus organisa la résistance et réussit à chasser Eumachos qui gouvernait au nom de Mithridate ; c'était le meilleur service qu'il pût rendre à Sylla et à ses lieutenants Muréna et Lucullus. Il resta le fidèle soutien des Romains pendant la seconde guerre contre Mithridate (672/82-673/81), dans l'expédition de Publius Servilius contre les pirates Isauriens (676/78-679/75) et dans la troisième guerre contre Mithridate, menée de 680/74 à 691/63 par Lucullus, puis par Pompée.

Après la victoire ce dernier récompensa magnifiquement les services rendus par Déjotarus en faisant de lui l'un des plus puissants souverains-sujets d'Asie Mineure : il lui remit la moitié orientale de l'ancien royaume de Pont avec les ports d'Amisos, de Pharnacie et de Trapézonte, une partie de la Grande Arménie et de l'Arménie Pontique jusqu'à la Colchide. Mis en goût par ces dépouilles, Déjotarus chassa le tétrarque des Celtes Trocmes et s'empara de ses possessions ainsi que du territoire des Tectosages. En 695-59 César, pour la première fois consul, fit confirmer par le peuple les actes de Pompée en Asie, donc, par le fait même, les dispositions prises en faveur de Déjotarus ; à quoi le Sénat peu après ajouta le titre

1. STRABON, XXII, 5, 2.

de roi de Petite Arménie. En échange de cette générosité Déjotarus devait assurer sur les frontières orientales la garde de l'Empire. Il s'acquitta honnêtement de sa dette : en 700/54 il aida Crassus dans son expédition contre les Parthes ; après la défaite et la mort de ce dernier, il prêta main-forte à ses successeurs contre les incursions incessantes de ces redoutables ennemis de Rome ; c'est ainsi qu'il s'acquit la reconnaissance et l'amitié de Cicéron, proconsul de Cilicie en 703/51, en l'appuyant de toutes les forces militaires dont il disposait [1].

Déjotarus partisan de Pompée.

Quand en 705/49 éclata la guerre civile, Déjotarus commit l'imprudence de prendre parti pour Pompée [2] ; on s'explique facilement son choix : encore que César lui eût rendu indirectement un grand service en 695/59, Pompée était pour lui le grand bienfaiteur, le vainqueur prestigieux de Mithridate, le général invincible et aussi le défenseur du Sénat, donc du pouvoir légitime ; enfin personne ne représentait en Asie la cause de César. Payant toujours de sa personne malgré son grand âge (il avait sûrement plus de soixante-dix ans), le Galate conduisit lui-même six cents cavaliers à Pharsale ; il accompagna le vaincu dans sa fuite, s'embarqua sur le même vaisseau, et ne le quitta qu'à Lesbos pour rallier l'Asie Mineure et y lever de nouvelles troupes contre César [3].

Mais après la mort de Pompée il ne s'obstina pas, et, soucieux de se faire pardonner par le vainqueur d'avoir misé sur le mauvais tableau, il lui fit promettre des subsides en argent [4] ; de plus il offrit à Cn. Domitius Calvinus, que César, retenu à Alexandrie, avait envoyé gouverner l'Asie, d'attaquer Pharnace, fils de Mithridate ; l'offre était intéressée, car le roi du Bosphore Cimmérien, vou-

1. *Ad Att.* VI, 1, 14 ; *Ad Fam.*, XV, 4, 5.
2. *Pro rege Deiot.* : §§ 9-13.
3. *Pro r. D.*, V, 13 ; *De bello ciu.* III, IV ; PLUTARQUE, *Pompée* 73 ; LUCAIN, *Pharsale*, VIII, 209 sqq.
4. *Pro r. D.*, IX, 24 ; *De bello Alex.*, 34.

lant profiter de l'occasion qui se présentait de remettre la main sur les états paternels, avait cru pouvoir s'emparer de ce qui appartenait aux dynastes alliés de Pompée et avait envahi la Cappadoce et la Petite Arménie. Calvinus ayant accepté l'aide galate, Déjotarus lui amena deux légions équipées à la romaine ; mais le lieutenant de César se fit battre à Nikopolis en Petite Arménie, les troupes galates s'enfuirent avec de lourdes pertes et Pharnace remit la main sur le royaume de Pont [1].

César et Déjotarus. Cependant César, vainqueur en Égypte, traverse à marches forcées la Syrie et la Cappadoce pour rétablir la situation de Calvinus. A la frontière de Galatie il trouve Déjotarus, venu l'accueillir en tenue d'accusé et de suppliant, pour obtenir le pardon de son erreur [2] : il plaida que, perdu au bout de l'Empire, sans aucun contact avec le parti de César, il avait obéi à des ordres en se ralliant à Pompée, mais n'avait eu nulle intention de se faire juge d'une question de politique intérieure qui ne regardait que le peuple romain. César lui répondit [3] en rappelant ce qu'il avait fait pour le roi lors de son premier consulat, et en refusant de prendre pour une erreur la faute d'un homme si intelligent et si expérimenté ; mais il tenait compte, pour lui pardonner, des longs services rendus à Rome, de ses relations personnelles, du rang et de l'âge de Déjotarus, des nombreuses intercessions faites en sa faveur ; d'autres tétrarques de Galatie avaient à se plaindre de lui : la question serait examinée plus tard. César lui fit reprendre ses insignes royaux et lui enjoignit d'amener tout de suite toutes les troupes dont il disposait pour battre Pharnace. Déjotarus s'empressa d'obéir. Le 2 août 707/47 les ennemis étaient écrasés à Zéla, en cinq jours la campagne était terminée. César renvoya dans leur pays les troupes de Déjotarus ; il se rendit ensuite dans la province romaine

1. *De bello Alex.*, XXXV-XLI.
2. *O. c.* LXVII.
3. *O. c.* LXVIII.

en passant par la Galatie, où il fut l'hôte du roi [1], puis par la Bithynie, pour y régler les affaires d'Asie [2] : il récompensa magnifiquement ceux qui l'avaient soutenu sans défaillance, et Déjotarus fit en partie les frais de cette générosité, malgré une intervention de M. Brutus en sa faveur [3] : la Petite Arménie fut donnée à Ariobarzane de Cappadoce, la tétrarchie des Trocmes, jadis usurpée par Déjotarus, fut attribuée à Mithridate de Pergame, qui s'était montré d'un dévouement précieux pour César dans la guerre alexandrine, et qui d'ailleurs par sa mère descendait de princes galates. Déjotarus, naguère le plus puissant des clients de Rome en Asie, ne gardait plus que sa tétrarchie héréditaire des Tolistoboïens, une partie du royaume de Pont à l'est de l'Halys reçue en 59 et que Pharnace avait envahie au début de la guerre civile, mais sans le port d'Amisos érigé en ville libre, et enfin une partie du territoire des Tectosages [4]. De tous les dynastes asiatiques qui avaient pris parti pour Pompée, Déjotarus était le plus sévèrement châtié, les autres ne recevant que des amendes ou des blâmes ; mais il fallait à César de quoi récompenser et rendre puissants ceux sur lesquels il savait pouvoir compter ; d'autre part, en abaissant ainsi celui qui était le plus haut, il donnait aux Orientaux la mesure de ce que pouvait la volonté du maître de Rome.

L'âge n'avait sans doute pas éteint l'ambition ni développé l'esprit de résignation en Déjotarus, car il tenta de faire revenir César sur la solution adoptée et de récupérer au moins une partie de ce qui lui était enlevé : en 709/45 notamment, pendant que le dictateur poursuivait en Espagne les fils de Pompée, il reçut un envoyé de Déjotarus, auquel il fit des promesses écrites mais vagues [5]. Entre autres choses que le tétrarque désirait obtenir

1. *Pro r. D.*, VI, 17 ; VII, 21, et *passim*.
2. *De bello Alex.*, LXXVIII.
3. *Ad Att.*, XIV, 1, 2 ; *Brutus*, V, 21 ; Tacite, *Dial. des Or.*, XXI.
4. Cicéron, *De Diuinatione* II, 79 ; *Or. Philip.*, II, xxxvii, 94. Dion Cassius, XLI, 63.
5. *Pro r. D.*, XIV, 38.

se trouvait sans doute le règlement de sa succession, qui avait déjà été cause de rivalités sanglantes à l'intérieur de sa famille.

Déjotarus et sa famille. Si intelligent et hellénisé qu'il fût, Déjotarus n'en était pas moins resté un Barbare et un despote oriental, pour qui la mort de ses plus proches parents n'était qu'un des moyens d'assurer ou d'étendre son pouvoir : le soupçon pèse sur lui d'avoir fait périr tous ses fils à l'exception d'un seul, à qui il entendait laisser la totalité de sa succession et pour qui il avait demandé au Sénat le titre de roi [1]. Il avait en tout cas suscité dans sa famille des haines farouches, notamment chez un de ses gendres, Brogitarus, un prince galate dont Pompée, à la fin de la guerre contre Mithridate, avait fait un tétrarque des Trocmes [2] ; P. Clodius étant tribun de la plèbe en 696-58, avait, vraisemblablement contre argent, fait obtenir à Brogitarus le titre de roi, la possession de Pessinonte, la ville la plus riche des Tolistoboïens, et la dignité de grand-prêtre de Cybèle, dont le temple recélait des trésors considérables et assurait de gros revenus ; Déjotarus, prétendant que son gendre pillait le sanctuaire de la Grande Déesse, le déposséda de son sacerdoce [3]. Une autre de ses filles avait épousé un homme d'obscure origine, Castor Saokondarios, qui devait tout à Déjotarus [4], et notamment sa situation de tétrarque des Tolistoboïens, avec Gorbeüs, non loin de Gordium, pour résidence [5] ; le fils né de ce mariage, nommé aussi Castor, fut envoyé par son père avec trois cents cavaliers soutenir Pompée dans la guerre civile [6]. Le père et le fils se firent-ils pardonner ensuite par César en participant à la lutte contre Pharnace ? C'est vrai-

1. *Ad Att.*, V, 17, 3.
2. Strabon, XII, 5, 2.
3. Cicéron, *De Har. resp.*, XIII, 28.
4. *Pro r. D.*, XI, 30.
5. Strabon, *l. c.*
6. *De bello ciu.*, III, 4.

semblable : une fois la guerre d'Espagne terminée, en 609-45, Castor le fils vint à Rome trouver le dictateur, sans doute au nom de son père et d'autres membres de la famille, pour le dissuader de satisfaire les demandes récemment faites par le représentant de Déjotarus [1] ; à quoi ce dernier riposta par l'envoi d'une seconde délégation [2]. Mais à ce moment Castor, pour perdre Déjotarus dans l'esprit de César, n'hésita pas à porter contre son grand-père une accusation aussi grave qu'inattendue : il prétendit que Déjotarus avait tenté d'assassiner César deux ans auparavant, quand celui-ci, après la victoire de Zéla, avait accepté l'hospitalité du roi.

Déjotarus accusé. Si peu vraisemblable que fût la chose, Déjotarus eut à s'en défendre : Castor avait réussi à corrompre, à Rome même, un esclave de son grand-père, nommé Phidippus, qui accompagnait en qualité de médecin la délégation envoyée à César par le vieux roi ; Phidippus vint donc apporter à la dénonciation de Castor un témoignage accablant pour son maître.

Déjotarus chargea Cicéron de le défendre devant César ; l'ancien gouverneur de Cilicie était resté en relations d'amitié avec lui ; la cause était de celles auxquelles l'orateur mettait son point d'honneur à se consacrer : comme Marcellus, comme Ligarius, le tétrarque payait aujourd'hui son ralliement à la cause de Pompée ; enfin Déjotarus avait toujours été bien vu du parti aristocratique pour la fidélité de sa collaboration à la politique orientale du Sénat. Le procès se déroula en novembre 609/45, au domicile même de César, en présence de quelques témoins, notamment Cn. Domitius et le juriste Servius Sulpicius [3].

La plaidoirie de Cicéron nous permet de reconstituer les grandes lignes de l'accusation : la partie la plus sensa-

1. *Pro r. D.*, VII, 21.
2. *Pro r. D.*, XV, 41.
3. *Pro r. D.*, II, 5 ; XI, 32 ; O. E. Schmidt, *Der Briefwechsel des M. T. Cicero*, Leipzig, 1893, p. 362 et 433.

tionnelle n'en était pas la plus grave, ni la plus difficile à réfuter. Castor en effet déclarait, en produisant le témoignage de Phidippus, que par deux fois Déjotarus avait prémédité l'assassinat de César pendant le séjour de ce dernier à Peium et à Blucium [1], et que ces intentions criminelles avaient pour origine la haine que Déjotarus avait toujours nourrie contre César [2]. Si, faute de preuves et de témoignage sérieux, la première accusation pouvait être facilement réfutée, en revanche la seconde, pour imprécise qu'elle fût, ne laissait pas de concorder avec les apparences : Déjotarus avait toujours été un soutien fidèle de Pompée, un obligé du Sénat, un ami de Cicéron ; c'était un fait qu'il avait, au moment de la guerre civile, pris parti contre César ; quoi qu'il en eût dit lui-même par la suite pour s'en excuser auprès du vainqueur et quoi qu'en dise Cicéron [3], le vieux roi avait trop de relations avec Rome et était trop bien informé de la politique romaine pour pouvoir plaider l'ignorance ; il n'avait abandonné le camp pompéien qu'après Pharsale et par pur opportunisme ; enfin il avait eu beau multiplier les marques d'un zèle tardif pour César, celui-ci ne lui en avait pas moins fait payer très cher son erreur d'orientation en lui enlevant la plus grande partie de ses possessions. L'accusation d'hostilité contre le dictateur était donc des plus vraisemblables, l'hypothèse contraire peu admissible. Dans ces conditions la cause présentait pour le défenseur une étrange et redoutable particularité : il ne suffisait pas de montrer que l'intention et les préparatifs de meurtre, ne pouvant être prouvés par l'accusateur, devaient être tenus pour fantaisistes ; cette intention étant rendue vraisemblable par les antécédents certains et les sentiments probables de l'accusé pour César — qui était en même temps juge et partie —, il fallait nier ces antécédents et déguiser ces sentiments ; faute de quoi le juge, ulcéré de se savoir haï, devait être porté à admettre, même sans preuves nettes, la réalité de l'attentat qu'on

1. *Pro r. D.*, VI, 17 ; VII, 27.
2. *Pro r. D.*, VIII, 22.
3. *Pro r. D.*, IV, 11.

accusait son ennemi d'avoir organisé contre lui. De la sorte, l'accusation proprement dite, la préparation d'un attentat, passait au second plan, et ce qui n'apparaissait à première vue que comme un élément accessoire de la cause, destiné seulement à étayer l'accusation, en devenait la partie essentielle.

Le plaidoyer de Cicéron.

Cicéron tenta de tourner la difficulté de façon fort habile, en inversant les rapports logiques entre les faits et arguments produits par l'accusateur : Castor avait affirmé la tentative de meurtre et l'avait appuyée sur l'hostilité de Déjotarus à l'égard de César ; l'avocat commence donc par démolir l'accusation de tentative de meurtre, et part de cette absence établie d'attentat pour déconsidérer la partie adverse et par là ôter toute valeur à ses autres affirmations. Il usa en outre largement des possibilités qui s'offraient de ridiculiser les accusateurs et de les rendre odieux : ce petit-fils qui venait accuser son grand-père et qui, après avoir combattu avec Pompée à Pharsale, dénonçait à César ses ennemis personnels ; cet esclave-médecin qui faisait au bout de deux ans des révélations sensationnelles mais incohérentes contre son maître, étaient des cibles faciles à l'indignation et à l'ironie de l'avocat. Il avait la tâche moins belle quand il s'agissait de peindre Déjotarus : de ce sultan mi-grec, mi-barbare, intelligent sans doute, actif, courageux au combat, mais cupide, ambitieux, rusé, sans dignité, toujours aux côtés du plus fort, cruel jusqu'à la férocité et vindicatif au bord même de la tombe, Cicéron a fait un vieillard doux et grave, noble, généreux, fidèle à l'amitié, même dans le malheur, et dévoué de toute son âme — on se demande pourquoi — aux seuls intérêts de Rome. César, qui connaissait les hommes, et lui-même et Déjotarus et les avocats, dut écouter sans rire ce panégyrique d'une outrance toute professionnelle.

Cicéron lui-même ne devait guère accorder de valeur à ce plaidoyer, cependant remarquable par une simplicité de forme déjà constatée pour le *Pro Ligario* et sans doute voulue devant le juge averti qu'était César : dans une lettre de décembre 709/45 à Dolabella il en parle sur un ton détaché, en termes presque péjoratifs [1] : voulait-il, aux yeux d'un césarien et qui était son gendre, ne pas avoir l'air d'attacher trop d'importance à ce qui concernait un ennemi du dictateur ?

Nous ignorons l'issue du procès : probablement César ne prit-il pas de décision ; il méditait une expédition contre les Parthes et tenait peut-être à se conserver le zèle des deux clans galates. Moins de quatre mois plus tard on était aux ides de mars. Mais l'ambition du vieux tétrarque ne lâcha pas prise : ses envoyés, restés à Rome, s'adressèrent à Fulvie, femme de Marc-Antoine, pour obtenir par son entremise une solution plus conforme aux désirs de Déjotarus : pour mieux la documenter sur la justice de leur cause ils lui remirent un chèque de dix millions de sesterces (deux millions et demi de francs-or) ; muni d'indications aussi précieuses, le triumvir crut retrouver dans les archives personnelles de César un projet de décret qu'il fit afficher au Capitole et aux termes duquel devaient être rendues à Déjotarus [2] toutes ses anciennes possessions. Celui-ci s'était d'ailleurs servi, dès qu'il avait connu la mort du dictateur, en réoccupant militairement les territoires qu'il avait dû abandonner trois ans plus tôt [3]. Il mourut en 614/40, et ce fut Castor, son petit-fils et accusateur, qui lui succéda. La Galatie quinze ans après devint province romaine [4].

Tels furent le personnage et l'affaire pour lesquels le plus illustre avocat de tous les temps prononça sa dernière plaidoirie, faisant appel, lui Romain et républicain, en faveur d'un roi barbare à la générosité d'un dictateur.

1. *Ad Fam.*, IX, 12, 2.
2. *Or. Philip.*, II, 37.
3. *Or. Philip.*, II, 95 ; *Ad Att.*, XIV, 12, 1.
4. Strabon, XII, 5, 1 ; Dion Cassius, XLVIII, 35, 5.

ANALYSE

1re Partie

Exorde (§§ 1-7). — L'avocat justifie son émotion par les circonstances exceptionnelles de la cause : *a*) il plaide pour un roi (§ 1), *b*) accusé d'un crime abominable, *c*) par son propre petit-fils, *d*) sur témoignage d'un de ses propres esclaves (§§ 2-3), *e*) devant celui-là même qu'on l'accuse d'avoir voulu tuer (§ 4), *f*) dans un cadre inhabituel peu fait pour soutenir un orateur (§§ 5-6) ; il compte sur l'équité de César pour détruire les espoirs de l'adversaire (§ 7).

Déclaration préliminaire (§§ 8-14) : Les accusateurs ont compté sur un ressentiment de César contre e roi Déjotarus (§ 8) ; mais César ne revient jamais sur son pardon (§ 9) ; d'ailleurs Déjotarus n'a jamais été un ennemi pour lui : s'il a pris parti pour Pompée, c'est par ignorance et dévouement à sa vieille amitié (§§ 10-13) ; la preuve en est qu'après Pharsale il a soutenu César, qui lui a maintenu son titre de roi (§ 14).

2e Partie

Réfutation (§§ 15-16). *a*) Examen de la vraisemblance de l'accusation : l'intention prêtée au roi est invraisemblable par sa monstruosité même qui eût indigné tout le monde (§ 15), contredite par l'intelligence et le caractère de Déjotarus (*probabile ex uita*) (§ 16), par la stupidité du moyen choisi, la maladresse des préparatifs, les incohérences de la dénonciation (*probabile ex causa*) (§§ 17-22 début).

b) Discussion des faits invoqués par l'accusateur pour établir l'hostilité du roi contre César (§§ 22 fin-25).

c) Digression : éloge moral de Déjotarus (§§ 26-27). Apostrophe à l'accusateur : rappel de sa présence à Pharsale auprès de Pompée et de son fanatisme anticésarien (§§ 28-29) ; par haine contre son grand-père il va jusqu'à corrompre un esclave (§§ 30-32).

d) Reprise de la discussion : calomnies contre César imputées au roi (§ 33), leur invraisemblance : éloge de César (§ 34).

3e Partie

Péroraison. (§§ 35-43). — César doit être convaincu que Déjotarus, loin d'avoir de la rancune contre lui, reconnaît sa clémence (§§ 35-36) ; rappel incident des titres du roi à la sympathie des Romains (§ 37) ; par sa réponse envoyée d'Espagne, César l'a tout à fait rassuré (§ 38) ; revenir sur un pardon serait faire douter de sa générosité (§ 39). Grandeur de la clémence, surtout envers des rois (§ 40). Cicéron fait appel au témoignage des envoyés de Déjotarus : sûrs de son innocence ils offrent leur vie en place de la sienne (§§ 41-42). De la décision que prendra César dépend l'honneur de deux rois (§§ 43).

SIGLA

C = Cluniacensis 498, nunc Holkhamicus 387, saec. IX. (§§ 1-6... *quantam* ; 15-43 *finitimi*... ad finem).
A = Ambrosianus C 29 part. inf. A, saec. X.
H = Harleianus 2682, olim Coloniensis, exemplar posterius, saec. XI.
V = Vossianus Lat. O 2, saec. XI.
α = *CAHV* uel *AHV* consensus.

B = Bruxellensis 5345, olim Gemblacensis, saec. XII.
D = Oxoniensis Dorvillianus 77, saec. XI.
E = Erfurtensis, nunc Berolinensis 252, saec. XII.
β = *BDE* consensus

a = Harleianus 4927, seec XII.
g = Gudianus, saec X (§§ 1-26... *aetate*)
h = Harleianus 2682, exemplar prius, saec. XI (§§ 1-26... *aetate*)
σ = Bodleianus Auct. Rawl. G. 138, saec. XV (§§ 27-34 adhibitus)
γ *agh* uel post § 26 *aσ* consensus.

PLAIDOYER
POUR LE ROI DÉJOTARUS

EXORDE. I 1 Si dans toutes les causes un peu importantes, César, j'éprouve en prenant la parole plus d'émotion qu'on n'en attendrait de mon âge ou de mon expérience [1], j'ai aujourd'hui tant de raisons d'être troublé [2] que toute l'ardeur apportée par ma conscience à défendre le roi Déjotarus, la crainte l'enlève à mes facultés. C'est tout d'abord que je plaide pour la vie et la fortune d'un roi ; si la chose n'a en soi rien d'injuste du moment qu'il s'agit de ta sécurité, il est cependant si extraordinaire de voir un roi sous le coup d'une accusation capitale que jusqu'à ce jour on n'en a pas d'exemple. 2 D'autre part ce roi, j'étais habitué ainsi que tout le Sénat, à l'honorer pour son inlassable dévouement à notre République [3], et voici que je suis réduit à le défendre de la plus affreuse inculpation. Ce n'est pas tout : la cruauté d'un des accusateurs, l'indignité de l'autre me bouleversent [4]. Cruel ce Castor, pour ne pas dire criminel et impie, ce petit-fils qui met les jours de son aïeul en danger, dont la jeunesse terrorise celui dont il devrait défendre et protéger la vieillesse, qui signale ses premiers pas dans la vie par l'impiété, et par le crime, qui corrompt un esclave de son grand-

1. Cicéron avait alors près de soixante-deux ans et il plaidait depuis au moins trente-sept ans.

2. Il en énumère cinq, moins pour excuser son trouble que pour en tirer des arguments : l'accusé est un roi ; ce roi a été de tout temps dévoué à Rome ; il est accusé par son propre petit-fils et un esclave ; il a pour juge celui qu'on l'accuse d'avoir voulu tuer ; ce n'est pas au Forum, mais dans la maison même de César que se déroule le procès.

3. Cf. *Notice*, pp. 88-89.

4. Les dépositions à charge émanant d'enfants contre leurs parents, d'affranchis contre leur patron ou d'esclaves contre leur maître n'étaient pas admises, sauf pour les cas d'inceste ou de haute trahison. (Cf. *infra.*, I, 3 et *Pro Milone*, XXII, 59.)

PRO REGE DEIOTARO AD C. CAESAREM ORATIO

I **1** Cum in omnibus causis grauioribus, C. Caesar, initio dicendi commoueri soleam uehementius quam uidetur uel usus uel aetas mea postulare, tum in hac causa ita multa me perturbant ut, quantum mea fides studi mihi adferat ad salutem regis Deiotari defendendam, tantum facultatis timor detrahat. Primum dico pro capite fortunisque regis, quod ipsum etsi non iniquum est in tuo dumtaxat periculo, tamen est ita inusitatum regem reum capitis esse ut ante hoc tempus non sit auditum. **2** Deinde eum regem quem ornare antea cuncto cum senatu solebam pro perpetuis eius in nostram rem publicam meritis, nunc contra atrocissimum crimen cogor defendere. Accedit ut accusatorum alterius crudelitate, alterius indignitate conturber. Crudelis Castor, ne dicam sceleratum et impium, qui nepos auum in capitis discrimen adduxerit adulescentiaeque suae terrorem intulerit ei cuius senectutem tueri et tegere debebat, commendationemque ineuntis aetatis ab impietate et ab scelere duxerit, qui seruum corrup-

1 multa me α Prisc. *G. L.* III, 368 : me multa βγ || -que regis αβ : r. Deiotari γ || etsi αβ*a* : si *gh* || iniquum est *CH*βγ : in. ∼ *V* in esse *A*.
2 antea : ante *C* || solebam αγ : -bamus β || conturber αβ : pert- γ || Crudelis Castor *V*β : crud. Castor est *AH* crudelem Castorem γ || capitis discrimen αβ : d. c. γ || debebat αβ : debeat γ || ab scelere αγ : ab *om.* β.

père pour lui faire accuser son maître et qui le sort de la valetaille de l'ambassade[1]. **3** En voyant cette face de transfuge accusant son maître, son maître absent, son maître si attaché à notre République, en l'écoutant parler, j'éprouvais moins de douleur devant cette atteinte à la dignité royale que de crainte pour l'ordre social[2]. Comment ? la loi de nos aïeux interdit de faire témoigner un esclave contre son maître même sous la torture[3], malgré la possibilité, en les mettant à la question, d'arracher par la douleur la vérité aux plus réticents ; et voici un esclave qui a toute liberté d'accuser celui qu'il ne pourrait pas nommer sur le chevalet du supplice !

II **4** Mon trouble, César, s'accroît par instant d'une autre crainte, que suffit à dissiper, il est vrai, l'évocation de ton caractère ; car une situation en fait défavorable devient par ta sagesse on ne peut plus favorable : plaider dans une affaire criminelle devant celui qu'on est accusé d'avoir voulu tuer est, à considérer la chose en soi, une tâche difficile ; qui donc, à la fois juge et partie, ne se montrerait plus favorable à lui-même qu'à l'accusé ? Mais ta noblesse sans égale, César, dissipe en moi cette crainte. Je redoute moins ton jugement sur le roi Déjotarus que je ne connais celui que tu veux faire porter sur toi. **5** Je suis ému aussi par ce que le cadre a d'insolite : la cause la plus importante qu'on ait jamais débattue, je la plaide entre les murs d'une maison[4], loin de l'assemblée, loin de l'affluence qui soutient d'ordinaire l'effort des orateurs ; c'est dans tes yeux, sur les traits de ton visage que je cherche l'assurance ;

1. Pour ôter tout crédit à sa déposition l'avocat cherche à faire passer le témoin Phidippus pour un esclave du dernier rang ; c'est un peu gros quand il s'agit du propre médecin du roi (cf. *infra*, VI, 17).

2. Dans une société fondée sur l'esclavage l'un des plus grands crimes est de porter atteinte au prestige des maîtres et d'entamer la terreur qu'ils doivent inspirer (cf. *infra*, XI, 30).

3. Un témoignage d'esclave n'était valable qu'obtenu par la torture.

4. Le procès se déroula au domicile du dictateur (cf. *Notice*, p. 94).

tum praemiis ad accusandum dominum impulerit, a legatorum pedibus abduxerit. **3** Fugitiui autem dominum accusantis, et dominum absentem et dominum amicissimum nostrae rei publicae, cum os uidebam, cum uerba audiebam, non tam adflictam regiam condicionem dolebam quam de fortunis communibus extimescebam. Nam cum more maiorum de seruo in dominum ne tormentis quidem quaeri liceat, in qua quaestione dolor elicere ueram uocem possit etiam ab inuito, exortus est seruus qui, quem in eculeo appellare non posset, eum accuset solutus.

II **4** Perturbat me, C. Caesar, etiam illud interdum, quod tamen, cum te penitus recognoui, timere desino ; re enim iniquum est, sed tua sapientia fit aequissimum. Nam dicere apud eum de facinore contra cuius uitam consilium facinoris inisse arguare, cum per se ipsum consideres, graue est ; nemo enim fere est qui sui periculi iudex non sibi se aequiorem quam reo praebeat. Sed tua, Caesar, praestans singularisque natura hunc mihi metum minuit. Non enim tam timeo quid tu de rege Deiotaro quam intellego quid de te ceteros uelis iudicare. **5** Moueor etiam loci ipsius insolentia, quod tantam causam, quanta nulla umquam in disceptatione uersata est, dico intra parietes, dico extra conuentum et eam frequentiam in qua oratorum studia niti solent ; in tuis oculis, in tuo ore uultuque adquiesco, te unum

3 cum uerba audiebam *om. DE* || posset : possit *C*.
4 C. Caesar *AV*βγ : C. *om. CH* || cum per se *αBEah* : si per se *D* (*ante ras.*) *g*.
5 nulla : ulla *C* || parietes *αgh* : domesticos p. β*s*.

c'est toi seul que je regarde, à toi seul que vont mes paroles ; si je trouve là de solides raisons pour espérer le triomphe de la vérité, ce sont par contre de faibles éléments pour exciter les passions et soutenir la vigueur des mouvements d'éloquence. **6** Si je plaidais cette cause sur le Forum, César, sans cesser de t'avoir pour auditeur et pour juge [1], quelle ardeur m'apporterait le concours du peuple romain ! Quel citoyen ne manifesterait sa sympathie à ce roi au souvenir d'une vie entière, usée dans les guerres aux côtés du peuple romain ? J'aurais sous les yeux la Curie [2], je contemplerais le Forum, je prendrais à témoin le ciel même. Et alors, au rappel des bienfaits accordés par les dieux immortels, le peuple et le Sénat au roi Déjotarus, l'éloquence ne saurait me manquer. **7** Mais puisque les murs restreignent mon inspiration, et que dans une si grande cause le cadre étouffe mes moyens, c'est à toi, César, qui as si souvent plaidé pour d'autres [3], de juger par toi-même de mon état d'esprit, pour que ton équité et ton attention m'aident à dissiper mon trouble.

Mais avant d'aborder le fond de l'accusation je veux dire quelques mots de ce qu'en attendent les accusateurs : ils n'ont évidemment pour eux ni talent, ni expérience, ni pratique ; si, malgré cela, ils se sont engagés dans ce procès, ce n'est pas sans quelque espoir et quelque arrière-pensée.

Déclaration préliminaire. III **8** Tu avais été irrité contre le roi Déjotarus [4], ils ne l'ignoraient pas

1. Sans cette précision César aurait pu se vexer et croire que Cicéron se plaint de ne pouvoir plaider sur le Forum parce qu'il le soupçonne de vouloir étouffer l'affaire en petit comité.

2. La *Curia Hostilia*, où se réunissait généralement le Sénat qui avait à plusieurs reprises donné à Déjotarus des marques de sa reconnaissance pour les services rendus à Rome (cf. *supra* I, 2 et note 3).

3. Cf. *Pro Ligario* X, 30, note 1.

4. Rappel très habile : les accusateurs espèrent se servir de César, qu'ils insultent en lui prêtant des idées de vengeance.

intueor, ad te unum omnis spectat oratio ; quae mihi ad spem obtinendae ueritatis grauissima sunt, ad motum animi et ad omnem impetum dicendi contentionemque leuiora. **6** Hanc enim, C. Caesar, causam si in foro dicerem eodem audiente et disceptante te, quantam mihi alacritatem populi Romani concursus adferret ! Quis enim ciuis ei regi non faueret cuius omnem aetatem in populi Romani bellis consumptam esse meminisset ? Spectarem curiam, intuerer forum, caelum denique testarer ipsum. Sic, cum et deorum immortalium et populi Romani et senatus beneficia in regem Deiotarum recordarer, nullo modo mihi deesse posset oratio. **7** Quae quoniam angustiora parietes faciunt actioque maximae causae debilitatur loco, tuum est, Caesar, qui pro multis saepe dixisti, quid mihi nunc animi sit ad te ipsum referre, quo facilius cum aequitas tua tum audiendi diligentia minuat hanc perturbationem meam.

Sed ante quam de accusatione ipsa dico, de accusatorum spe pauca dicam ; qui cum uideantur neque ingenio neque usu atque exercitatione rerum ualere, tamen ad hanc causam non sine aliqua spe et cogitatione uenerunt.

III **8** Iratum te regi Deiotaro fuisse non erant

5 omnis αγ : omnis mea β.
6 C. Caesar causam αγ : causam C. Caesar β || *post* quantam *deest C usque ad* § 15 || ei regi αa : ei *om.* β ei rei *gh* || regem Deiotarum αβa : rege -ro *gh*.
7 accusatione *H*βγ : hac causatione *AV* || neque... neque αγ : nec... nec β.

— ils se souvenaient qu'il avait déjà souffert, dans sa tranquillité et dans ses intérêts, de ton ressentiment — ils savaient que, irrité contre lui, tu étais bien disposé pour eux ; dénonçant à ton propre tribunal le danger par toi-même couru, ils comptaient bien que leur accusation mensongère trouverait un accueil facile dans ton âme ulcérée. Aussi avant tout, César, au nom de ta loyauté, de ta fermeté, de ta clémence, délivre-nous de cette crainte ! Ne nous laisse pas supposer qu'il reste en toi la moindre rancune[1]. Je t'en conjure par cette main que, hôte du roi Déjotarus, tu as tendue à ton hôte, par cette main, dis-je, garante aussi sûre de la foi dans les promesses que de la victoire dans les combats. C'est toi qui as voulu entrer chez lui, renouer les liens d'une vieille hospitalité [2] ; ses dieux pénates t'ont accueilli, les autels et les foyers du roi Déjotarus t'ont vu apaisé et affectueux.

9 Ton cœur, César, sensible à la prière, s'il s'est laissé fléchir ne se reprend jamais. Jamais un adversaire une fois pardonné n'a senti en toi le moindre reste de rancune. D'ailleurs tout le monde ne sait-il pas ce que sont tes griefs contre Déjotarus ? Tu ne l'as jamais accusé d'avoir été ton ennemi, mais simplement un ami quelque peu négligent, et d'avoir penché vers l'amitié de Pompée plutôt que vers la tienne. Tu le lui aurais pardonné, disais-tu, s'il s'était alors contenté d'envoyer à Pompée des secours ou encore son fils, profitant lui-même de l'excuse de son âge. 10 Le déchargeant ainsi des

1. Fondée ou non, l'accusation portée contre Déjotarus ne s'appuie sur aucune preuve précise, aucun témoignage vraiment digne de foi ; le crédit qu'elle trouvera auprès de César dépendra donc uniquement de ses sentiments à l'égard du roi ; s'il lui tient encore rigueur du soutien apporté à Pompée, il croira volontiers Castor, ou même fera semblant de le croire, pour se venger sous couleur de punir une tentative de meurtre. D'où les efforts de l'avocat pour liquider dès le début au profit de l'accusé la question politique. C'est par là que ce discours se rattache aux deux précédents.

2. César était déjà allé en Asie en 673 /81 et 678 /76.

nescii — adfectum illum quibusdam incommodis et detrimentis propter offensionem animi tui meminerant — teque cum huic iratum tum sibi amicum esse cognouerant, quodque apud ipsum te de tuo periculo dicerent, fore putabant ut in exulcerato animo facile fictum crimen insideret. Quam ob rem hoc nos primum metu, Caesar, per fidem et constantiam et clementiam tuam libera, ne residere in te ullam partem iracundiae suspicemur. Per dexteram istam te oro quam regi Deiotaro hospes hospiti porrexisti, istam, inquam, dexteram non tam in bellis neque in proeliis quam in promissis et fide firmiorem. Tu illius domum inire, tu uetus hospitium renouare uoluisti ; te eius di penates acceperunt, te amicum et placatum Deiotari regis arae focique uiderunt.

9 Cum facile orari, Caesar, tum semel exorari soles. Nemo umquam te placauit inimicus qui ullas resedisse in te simultatis reliquias senserit. Quamquam cui sunt inauditae cum Deiotaro querelae tuae ? Numquam tu illum accusauisti ut hostem, sed ut amicum officio parum functum, quod propensior in Cn. Pompei amicitiam fuisset quam in tuam ; cui tamen ipsi rei ueniam te daturum fuisse dicebas, si *tum* auxilia Pompeio uel si etiam filium misisset, ipse aetatis excusatione usus esset. 10 Ita cum

8 adfectum *H*γ : adflictum Aβ || quodque αγ : cumque β || clementiam αγ : per cl. β || in proeliis... in prom. αγ : in *om.* β.

9 orari αβ : exorari γ || tum *dett. aliquot, edd. plerique* : cum αβag tantum *h Baiter dubitanter* || ipse αγ :tamen *add.* β.

accusations les plus lourdes, tu ne lui imputais qu'une faute très légère sur le plan de l'amitié ; voilà pourquoi, loin de sévir contre lui, tu l'as même rassuré, tu l'as reconnu comme ton hôte et tu lui as laissé son titre de roi [1]. C'est qu'en effet nulle haine à ton égard n'a guidé ses pas ; il a glissé sur une erreur, comme tant d'autres. Ce roi que le Sénat avait plus d'une fois salué de son titre dans les décrets les plus flatteurs et qui, depuis sa jeunesse, avait regardé cet ordre comme la plus auguste autorité, a été la victime, lui un étranger d'un pays lointain, des mêmes circonstances que nous, qui étions nés et avions toujours vécu au cœur même de la République.

IV 11 A la nouvelle qu'on avait pris les armes sur une décision du Sénat unanime [2], que la défense de la République était confiée aux consuls, préteurs, tribuns de la plèbe et à nous impérators [3], Déjotarus s'alarmait, et cet homme, tout dévoué à notre empire, tremblait pour le salut de Rome auquel il voyait le sien associé ; cependant, au plus profond de son angoisse, il estimait devoir rester neutre. Mais quel ne fut pas son trouble au bruit que les consuls s'étaient sauvés d'Italie, que tous les consulaires — ainsi lui présentait-on la chose — que tout le Sénat, que l'Italie entière étaient en proie à la débâcle ? Voilà à quelles nouvelles, à quels on-dit était ouverte la route de l'Orient, sans que rien vînt rétablir la vérité. Pas un mot ne lui parvenait de tes propositions, de tes efforts en vue de la concorde et de la paix, des

1. Cicéron passe sous silence les amputations de territoires auxquelles Déjotarus dut se résigner, et qu'il n'avait pu oublier (cf. *Notice*, p. 91).

2. L'avocat présente les faits non tels qu'ils s'étaient passés, mais tels que, selon lui, ils furent rapportés au roi, c'est-à-dire, par exemple, abstraction faite du rejet par le Sénat des offres conciliatrices de César, et des menaces qui chassèrent de Rome les tribuns hostiles à Pompée (*Ad Fam.*, XVI, 11, 2 ; César, *B. Ciu.*, I, 2 ; 5 ; 7).

3. Les consuls de 705/49 étaient C. Claudius Marcellus et L. Cornelius Lentulus Crus ; Cicéron avec le titre de proconsul avait conservé l'*imperium* ainsi que Pompée (cf. *supra*, *Pro Lig.*, III, 7 note 4 et *Ad Fam.*, *l. c.*).

maximis eum rebus liberares, perparuam amicitiae culpam relinquebas ; itaque non solum in eum non animaduertisti, sed omni metu liberauisti, hospitem agnouisti, regem reliquisti. Neque enim ille odio tui progressus, sed errore communi lapsus est. Is rex quem senatus hoc nomine saepe honorificentissimis decretis appellauisset, quique illum ordinem ab adulescentia grauissimum sanctissimumque duxisset, isdem rebus est perturbatus homo longinquus et alienigena quibus nos in media re publica nati semperque uersati.

IV **11** Cum audiret senatus consentientis auctoritate arma sumpta, consulibus, praetoribus, tribunis plebis, nobis imperatoribus rem publicam defendendam datam, mouebatur animo et uir huic imperio amicissimus de salute populi Romani extimescebat, in qua etiam suam esse inclusam uidebat. In summo tamen timore quiescendum esse arbitrabatur. Maxime uero perturbatus est ut audiuit consules ex Italia profugisse, omnis consularis — sic enim ei nuntiabatur —, cunctum senatum, totam Italiam effusam. Talibus enim nuntiis et rumoribus patebat ad orientem uia, nec ulli ueri subsequebantur. Nihil ille de condicionibus tuis, nihil de studio concordiae et pacis, nihil de conspiratione audiebat certorum

10 ita *αah* : itaque β ita si *g* || amicitiae β : in amicitia α inimicitiae γ || progressus αβ : est *add.* γ || quique illum αγ : quique cum illum β

11 sumpta αβ : esse *add.* γ || nobis α*D* : nouis *BE*γ || quiescendum esse αβ : quiesc. ut sibi esset (-se, *g*) γ || omnis α*g* : omnesque β*a* omnis et *h* || ei nuntiabatur αγ : ei *om.* β || effusam αγ : esse ef. β || nec ulli ueri αβ : nulli ueri nuntii γ || certorum *HBDE*[1] : ceterorum *AVE*[2]γ.

intrigues de certains [1] contre ton autorité. Malgré tout, Déjotarus se tint à l'écart jusqu'au jour où des envoyés de Pompée vinrent à lui avec une lettre. **12** Pardonne, pardonne, César, au roi Déjotarus d'avoir cédé au prestige d'un chef que nous avons tous suivi, sur la tête de qui, dieux et hommes, et toi tout le premier, avaient accumulé tous les honneurs [2]. Si tes exploits ont rejeté dans l'ombre toutes les autres gloires, nous n'avons pas pour autant oublié Pompée. La grandeur de son nom, sa puissance, ses succès militaires de toutes sortes, les distinctions qu'il reçut du peuple romain, du Sénat, de toi-même, qui ne les connaît ? Par sa gloire Pompée avait dominé ses prédécesseurs de toute la hauteur dont la tienne a dépassé toutes les autres. Aussi comptions-nous avec admiration les campagnes, les victoires, les triomphes, les consulats de Pompée ; les tiens nous ne pouvons les dénombrer.

V **13** Le roi Déjotarus est donc allé, dans cette guerre fatale et lamentable, à l'homme qu'il avait jadis aidé dans des guerres légitimes contre des étrangers, qui était pour lui plus qu'un hôte, qui était un ami ; il est allé pour répondre à l'appel de l'amitié, ou aux obligations d'une alliance, ou à une convocation du Sénat auquel il avait appris à obéir ; à la fin c'est à un fugitif [3], non à un vainqueur qu'il est allé, pour partager le danger et non la victoire. Après la bataille de Pharsale, il se sépara de Pompée [4] ; il ne voulut pas poursuivre des espérances aussi illusoires ; il pensa qu'il avait assez sacrifié au devoir, si

1. Les deux consuls et Métellus Scipion, beau-père de Pompée, ainsi que Caton ; Cicéron n'a pas besoin de préciser, César les connaît (*B. Ciu.*, I, 4).

2. Tant que les intérêts de leurs ambitions respectives avaient concordé, César avait soutenu Pompée, notamment pour lui faire donner la direction de la guerre contre les pirates en 687/67, puis contre Mithridate en 66 ; consul en 695/59 il fit ratifier par le peuple les actes de Pompée en Orient.

3. Quand Pompée passa d'Italie en Grèce, la partie était loin d'être jouée ; elle ne le fut qu'après Pharsale.

4. Pour recruter des troupes fraîches contre César (cf. *Notices*, p. 89).

hominum contra dignitatem tuam. Quae cum ita essent, tamen usque eo se tenuit quoad a Cn. Pompeio legati ad eum litteraeque uenerunt. **12** Ignosce, ignosce, Caesar, si eius uiri auctoritati rex Deiotarus cessit quem nos omnes secuti sumus, ad quem cum di atque homines omnia ornamenta congessissent, tum tu ipse plurima et maxima. Nec enim si tuae res gestae ceterorum laudibus obscuritatem attulerunt, idcirco Cn. Pompei memoriam amisimus. Quantum nomen illius fuerit, quantae opes, quanta in omni genere bellorum gloria, quanti honores populi Romani, quanti senatus, quanti tui quis ignorat ? Tanto ille superiores uicerat gloria quanto tu omnibus praestitisti. Itaque Cn. Pompei bella, uictorias, triumphos, consulatus admirantes numerabamus ; tuos enumerare non possumus.

V **13** Ad eum igitur rex Deiotarus uenit hoc misero fatalique bello, quem antea iustis hostilibusque bellis adiuuerat, quocum erat non hospitio solum, uerum etiam familiaritate coniunctus, et uenit uel rogatus ut amicus, uel accersitus ut socius, uel euocatus ut is qui senatui parere didicisset, postremo uenit [ut] ad fugientem, non ad insequentem, id est ad periculi, non ad uictoriae societatem. Itaque Pharsalico proelio facto a Pompeio discessit ; spem infinitam persequi noluit ; uel officio si quid debuerat, uel

11 legati ad eum α : ad eum l. βγ.

12 ad quem αβ : in quem *E*²γ || nec αγ : neque β || illius αγ : eius β || tanto... quanto αγ Servivs *Æn. XI* 438 : quanto... tanto β || omnibus *A*β Servivs *l. c.* : in omnibus *VE*²γ omnia *H*.

13 accersitus *codd.* : arcessitus *Clark* || euocatus γ : uocatus αβ || non ad β*h* : non ut ad α*a* : non ut *g* || periculi α*BDa* : -lum *Egh*.

devoir il y avait, ou à l'erreur, s'il s'était trompé ; il se retira chez lui, et pendant ta campagne d'Alexandrie se dévoua à tes intérêts. **14** C'est lui qui logea et entretint à ses frais l'armée de l'illustre Cn. Domitius [1], qui fit parvenir de l'argent à Éphèse à celui qui avait été choisi par toi entre tous tes amis comme le plus fidèle et le plus sûr [2] ; c'est encore lui qui une seconde, puis une troisième fois, par des ventes publiques [3], te fournit des fonds pour la guerre ; il exposa sa personne, il combattit à tes côtés contre Pharnace, considérant que ton ennemi était le sien. Tout ce dévouement, tu l'as toi-même reconnu, César, en lui accordant la plus haute distinction, le titre de roi.

Réfutation. a) *Examen des vraisemblances.* **15** Voilà donc un homme que tu as d'abord tiré du danger, que tu as ensuite honoré de la plus haute distinction ; on l'accuse d'avoir voulu t'assassiner chez lui : à moins de le juger complètement fou, tu ne peux soupçonner Déjotarus. Sans rappeler quelle monstruosité il y aurait eu à tuer un hôte, sous le regard des dieux pénates, quelle barbarie ç'eût été de priver le monde de la plus brillante lumière qui l'ait jamais éclairé, quelle sauvage insolence de ne pas trembler devant le vainqueur de l'univers, quelle inhumaine ingratitude de voir un tyran dans celui à qui il devait le titre de roi ! Je laisse tout cela : n'aurait-ce pas été de la folie furieuse que de provoquer contre soi seul tous les rois, dont plusieurs étaient des voisins, tous les peuples libres, tous les alliés, toutes les provinces, en un mot toutes les armes du monde entier ? Quel abîme

1. Cn. Domitius Calvinus ; tribun de la plèbe en 695/59, il soutint Bibulus contre César ; préteur en 56, consul en 53 grâce à l'appui de Pompée ; dans la guerre civile il prit le parti de César, qui lui confia deux légions en Grèce, puis le chargea de la lutte contre Pharnace, qui le battit à Nicopolis en 48.

2. On ne sait à qui ni à quoi Cicéron fait allusion.

3. Pour se procurer des fonds Déjotarus dut probablement vendre aux enchères une partie de ses biens.

errori si quid nescierat satis factum esse duxit; domum se contulit teque Alexandrinum bellum gerente utilitatibus tuis paruit. **14** Ille exercitum Cn. Domiti amplissimi uiri suis tectis et copiis sustentauit, ille Ephesum ad eum quem tu ex tuis fidelissimum et probatissimum omnibus delegisti pecuniam misit, ille iterum, ille tertio auctionibus factis pecuniam dedit qua ad bellum uterere, ille corpus suum periculo obiecit, tecumque in acie contra Pharnacem fuit, tuumque hostem esse duxit suum. Quae quidem a te in eam partem accepta sunt, Caesar, ut eum amplissimo regis honore et nomine adfeceris.

15 Is igitur non modo a te periculo liberatus, sed etiam honore amplissimo ornatus, arguitur domi te suae interficere uoluisse. Quod tu, nisi eum furiosissimum iudicas, suspicari profecto non potes. Ut enim omittam cuius tanti sceleris fuerit in conspectu deorum penatium necare hospitem, cuius tantae importunitatis omnium gentium atque omnis memoriae clarissimum lumen exstinguere, cuius ferocitatis uictorem orbis terrae non extimescere, cuius tam inhumani et ingrati animi, a quo rex appellatus esset, in eo tyrannum inueniri — ut haec omittam, cuius tanti furoris fuit omnis reges, quorum multi erant finitimi, omnis liberos populos, omnis socios, omnis prouincias, omnia denique omnium arma con-

14 tuis αβ : ciuibus E^2γ || et probatissimum αβ : *om.* γ || uterere αDE^1 : -ris *B* uteremini E^2γ.

15 domi te suae αβ : te domi (domui *a*) suae γ domi suae te Mart. Cap. *Rh. L. p.* 468 || iudicas αγ : -ces β || suspicari profecto αβ : pr. s. γ || ferocitatis : tantae fer. *a* || terrae α : -arum βγ || finitimi : *hic adest C* || omnis liberos populos omnis socios αβ : o. s. o. l. p. γ.

n'aurait-il pas creusé entre lui-même et son royaume, sa famille, sa femme, son fils adoré, sans même exécuter un tel crime, par le seul fait d'y penser [1] ?

VI **16** Ce sont là peut-être considérations trop subtiles pour un esprit irréfléchi et téméraire ? En est-il un plus réfléchi, plus prudent, plus prévoyant ? Toutefois c'est moins son intelligence et sa sagesse que sa droiture et la loyauté de sa vie qui doivent, selon moi, défendre Déjotarus. Tu connais cet homme, César, son honnêteté, sa moralité, sa fidélité. Et d'ailleurs qui, ayant seulement entendu parler du peuple romain, n'a pas aussi entendu parler de la probité, de la dignité, de la loyauté, de l'honneur de Déjotarus ? Voilà un crime inconcevable de la part d'un téméraire, car il craindrait le châtiment immédiat, et de la part d'un criminel, à moins qu'il ne soit en même temps tout à fait fou ; et vous imaginez, vous, qu'il a pu être médité par le plus honnête et le moins stupide des hommes ?

17 Mais comme tout cela est hors de créance, hors même de soupçon ! « Quand, dit l'accusateur, tu es arrivé au château de Péium [2], et que tu es descendu chez le roi, ton hôte, il y avait une pièce où étaient rangés les cadeaux que le roi t'avait destinés. Il voulait t'y conduire au sortir du bain avant de te faire passer à table ; car des hommes armés avaient été postés dans la pièce même pour te tuer. » Voilà le grief, voilà sur quoi se fonde l'accusation d'un fugitif contre son roi, d'un esclave

1. Cette première partie de l'examen des vraisemblances est d'une étonnante faiblesse : invoquer les scrupules moraux et religieux de ce despote asiatique ; supposer que les rois et peuples asservis par Rome, et, en Italie même, les vaincus de la guerre civile se seraient indignés ou seulement attristés de la mort du dictateur ; imaginer que les malheureux sujets, la femme et le fils « adoré » du roi s'en seraient même souciés, c'est du pur délayage de rhétorique, qui dut bien amuser César. C'est le moins convaincant de toute la réfutation.

2. Strabon (XII, 5, 2) dit que le palais était à *Blucium* et le trésor à *Peium* : les cadeaux devaient être exposés là où était le trésor. Les mss donnent ici et § 21 la forme hybride *Luceium*.

tra se unum excitare ? Quonam ille modo cum regno, cum domo, cum coniuge, cum carissimo filio distractus esset tanto scelere non modo perfecto, sed etiam cogitato ?

VI **16** At, credo, haec homo inconsultus et temerarius non uidebat. Quis consideratior illo, quis tectior, quis prudentior ? Quamquam hoc loco Deiotarum non tam ingenio et prudentia quam fide et religione uitae defendendum puto. Nota tibi est hominis probitas, C. Caesar, noti mores, nota constantia. Cui porro, qui modo populi Romani nomen audiuit, Deiotari integritas, grauitas, uirtus, fides non audita est ? Quod igitur facinus nec in hominem imprudentem caderet propter metum praesentis exiti, nec in facinorosum, nisi esset idem amentissimus, id uos et a uiro optimo et ab homine minime stulto cogitatum esse confingitis ?

17 At quam non modo non credibiliter, sed ne suspiciose quidem ! « Cum » inquit « in castellum *Peium* uenisses et domum regis hospitis tui deuertisses, locus erat quidam in quo erant ea composita quibus te rex munerari constituerat. Huc te e balineo, prius quam accumberes, ducere uolebat. Erant enim armati, ut te interficerent, in eo ipso loco collocati ». En crimen, en causa cur regem fugitiuus, dominum seruus

15 quonam *BDg* : quoniam *αah* quomodo *E* || cum domo : *om.* γ || carissimo *αDE* clar- *B*γ.

16 tectior *αD*[1] : rectior *D*[2]*BE*γ || audita est *α*γ : sit a. β || imprudentem : prud- *C* || caderet *HV*γ : -re *A* -re posset β.

17 at quam non *α*β : atque non γ || in castellum *om.* *C* || Peium *G. Wagner*, *edd. ex* Strabone *XII* 5, 2 : Luceium *codd.* || munerari α : -re βγ || balineo *C semper* : baineo *cett. semper* || erant enim *α*γ : ibi enim erant β || ut *α*γ : qui β || cur : cum *C*.

contre son maître. Pour moi, en vérité, César, tout aussitôt qu'on m'eut soumis la cause [1] en me précisant que Philippus, médecin et esclave du roi, envoyé avec l'ambassade, avait été soudoyé par ce jeune misérable [2], je fus frappé d'un soupçon : « Il a suborné le médecin pour en faire un dénonciateur : il va sûrement inventer une histoire de poison. » Si gros que fût le mensonge, il n'avait rien d'extraordinaire pour un accusateur.

18 Que dit le médecin ? Il ne parla pas de poison. Ce moyen eût été pourtant si discret dans une boisson ou un plat ! En outre on est plus sûr de l'impunité : quand c'est fait, on peut nier. S'il t'avait cyniquement assassiné, il eût attiré sur lui non seulement la haine, mais les représailles du monde entier ; avec le poison, il n'aurait sans doute pu tromper la puissance de Jupiter Hospitalier, mais il aurait peut-être trompé les hommes. Ainsi pour le moyen le plus discret dans les préparatifs, le plus sûr dans l'exécution il ne s'est pas fié à toi, à toi son savant médecin et son esclave qu'il croyait fidèle ; mais des armes, du poignard, du guet-apens, il ne t'a rien laissé ignorer ? **19** Quelle accusation joliment ourdie ! « C'est ta bonne étoile, dit-il, qui une fois de plus t'a sauvé [3] : tu n'as pas voulu voir tout de suite les cadeaux ».

VII Et alors ? Déjotarus devant l'échec de sa tentative a-t-il aussitôt licencié son armée [4] ? ne pouvait-il trouver un autre endroit pour le guet-apens ? Mais tu devais, après le dîner, revenir dans cette pièce : tu l'avais dit, tu l'as fait. Était-ce donc si difficile de garder les gens en armes une heure ou deux au même endroit, comme on les avait postés ? Après le repas où tu avais été aimable [5]

1. En qualité d'avocat attitré, *patronus*, de Déjotarus.
2. L'avocat n'en fournit aucune preuve ; « on » le lui a dit, ou tout au moins il affirme qu'on le lui a dit.
3. On pense au mot de César, rapporté par Plutarque ! « Tu portes César et son étoile. »
4. Emphase ironique; Cicéron imite peut-être Térence (*Eunuchus* 814).
5. César avait la réputation d'être un convive agréable et spirituel.

accuset ! Ego mehercules, Caesar, initio cum est ad me ita causa delata, Phidippum medicum seruum regium, qui cum legatis missus esset, ab isto adulescente esse corruptum, hac sum suspicione percussus : « medicum indicem subornauit, finget uidelicet aliquod crimen ueneni ». Etsi a ueritate longe, tamen a consuetudine criminandi non multum res abhorrebat **18** Quid ait medicus ? Nihil de ueneno. At id fieri potuit primum occultius, in potione, in cibo ; deinde etiam impunius fit quod, cum est factum, negari potest. Si palam te interemisset, omnium in se gentium non solum odia sed etiam arma conuertisset ; si ueneno, Iouis ille quidem hospitalis numen numquam celare potuisset, homines fortasse celasset. Quod igitur et conari occultius et efficere cautius potuit, id tibi et medico callido et seruo, ut putabat, fideli non credidit ; de armis, de ferro, de insidiis celare te noluit ? **19** At quam festiue crimen contexitur ! « Tua te » inquit « eadem quae saepe fortuna seruauit ; negauisti tum te inspicere uelle ».

VII Quid postea ? an Deiotarus, re illo tempore non perfecta, continuo dimisit exercitum ? nullus erat alius insidiandi locus ? At eodem te cum cenauisses rediturum dixeras, itaque fecisti. Horam unam aut duas eodem loco armatos, ut collocati fuerant, retinere magnum fuit ? Cum in conuiuio comiter et

17 ita *Müller* : ista *codd.* || Phidippum β : Philippum αγ || ab isto αγ : ab ipso β || percussus *CHV*β*gh* :-culsus *Aa* || finget αβ*a* : -it *gh*.
18 primum αγ : -o β || in cibo αβ : uel in c. γ.
19 saepe αγ : semper β || re... perfecta α*BD* : rex... p. re *E*γ || retinere : -ri *C*.

et gai, tu es allé dans cette chambre, comme tu l'avais dit. Là Déjotarus s'est montré envers toi tel que fut le roi Attale à l'égard de Scipion l'Africain, auquel, disent les historiens, il envoya d'Asie à Numance les plus magnifiques cadeaux [1], que l'Africain reçut devant toutes ses troupes [2]. Quand Déjotarus en personne [3] t'eut offert les siens avec toute la délicatesse et la générosité d'un roi, tu t'es retiré dans ton appartement.

20 Je t'en supplie, César, rappelle tes souvenirs, revis cette journée, revois les visages des hommes qui te regardaient avec admiration ; y eut-il la moindre agitation, le moindre désordre ? tout ne s'est-il point passé avec la mesure et le calme qui sont la règle de vie du plus digne et du plus respectable des hommes ? Quel motif peut-on imaginer qui lui eût fait vouloir ta mort après le bain et ne plus la vouloir après le dîner ? **21** « Il a remis au lendemain, dit Phidippus, attendant d'être au château de Blucium pour exécuter son dessein ». Je ne vois pas l'avantage de ce changement de lieu, mais peu importe : trouvons là une intention criminelle. « Tu avais manifesté le désir, à ce qu'il prétend, de vomir après dîner [4] ; ils voulurent te mener à la salle de bains ; c'est là qu'étaient les assassins. Mais une fois de plus ta Fortune te sauva : tu préféras la chambre à coucher ». Que les dieux t'anéantissent, traître ! Vaurien et fourbe, c'est

1. P. Cornelius Scipio Æmilianus Africanus Minor était à Numance en 621/133. Tite-Live (*Periocha*, LVII) mentionne que des présents magnifiques lui furent envoyés par Antiochus Sidétès de Syrie ; on ne sait rien de semblable pour Attale III de Pergame, mort en 133 ; Cicéron a dû confondre ces deux alliés de Rome.

2. Contrairement à ce que faisaient, pour les cadeaux des rois, les autres généraux, qui s'en cachaient (Tite-Live, *ib.*).

3. Précision destinée à rendre encore moins vraisemblable une intention criminelle chez Déjotarus.

4. L'usage de vomitifs était recommandé par les hygiénistes du temps et n'impliquait pas forcément qu'on eût fait des excès de table ; César était sobre, surtout à cet âge (cf. *Ad Att.*, XIII, 52, 1). D'ailleurs, si ce désir avait pu être mal interprété, l'avocat eût crié à l'invraisemblance.

iucunde fuisses, tum illuc isti, ut dixeras ; quo in loco Deiotarum talem erga te cognouisti qualis rex Attalus in P. Africanum fuit, cui magnificentissima dona, ut scriptum legimus, usque ad Numantiam misit ex Asia, quae Africanus inspectante exercitu accepit. Quod cum praesens Deiotarus regio et animo et more fecisset, tu in cubiculum discessisti. **20** Obsecro, Caesar, repete illius temporis memoriam, pone ante oculos illum diem, uultus hominum te intuentium atque admirantium recordare ; num quae trepidatio, num qui tumultus, num quid nisi modeste, nisi quiete, nisi ex hominis grauissimi et sanctissimi disciplina ? Quid igitur causae excogitari potest cur te lautum uoluerit, cenatum noluerit occidere ? **21** « In posterum » inquit « diem distulit, ut cum in castellum *Blucium* uentum esset, ibi cogitata perficeret ». Non uideo causam loci mutandi, sed tamen acta res criminose est. « Cum » inquit « uomere post cenam te uelle dixisses, in balineum te ducere coeperunt ; ibi enim erant insidiae. At te eadem tua fortuna seruauit ; in cubiculo malle dixisti. » Di te perduint, fugitiue ! ita non modo nequam et improbus, sed

19 illuc isti $C^2A\beta\gamma$: illuc istum isti C^1 istum illuc isti *H* || Africanus : P. Af. *C* || regio et β : et α et regio *a* regio *gh*.
20 ante oculos illum αγ : i. a. oc. β || quae *H*β : qua *a* quid *AVg* ei quam *h* || qui *H*β*a* : quid *AVgh* || modeste β : moderate γ modo α || lautum : lotum *E*.
21 Blucium *G. Wagner, edd. ex* STRABONE *XII* 5, 2 : Luceium *codd. cf.* § 17 || loci mutandi αγ : m. l. β || eadem tua αβ : illa tua *g* eadem tua illa *ah* || in cubiculo malle *αhg* : in -lum (-lo D^1) te ire β*a* || perduint *BD* : -dunt *CHVE* -dent A -dant γ || ita non : non ita *C* || nequam et $D^2E^2\gamma$: nihil sed D^1 nihili et *Clark*, *om.* αBE^1 || sed fatuus et αγ : et fatuus sed etiam (eiam D^1) BD^1E et fatuus etiam D^2.

trop peu : tu es encore idiot et fou ! Comment ? étaient-ce donc des statues de bronze que le roi avait embusquées et qui n'auraient pu passer de la salle de bains dans la chambre ? Voilà les preuves du guet-apens, car il n'a rien apporté de plus. « J'étais, dit-il, dans le secret ». Mais alors ? Déjotarus était-il assez fou pour se séparer d'un homme qui connaissait son crime, pour l'envoyer même à Rome où étaient, il le savait, et son pire ennemi, son petit-fils, et César qu'il avait voulu tuer ? Et cela quand Phidippus était le seul qui pût, profitant de son absence, le dénoncer ?
22 « Il y a aussi mes frères, dit-il, que Déjotarus a jetés en prison parce qu'ils savaient ». Ainsi alors qu'il emprisonnait ceux qui restaient près de lui, il te laissait ta liberté et t'envoyait à Rome, toi qui devais en savoir aussi long que tes frères, d'après toi, en savaient ?

b) *Discussion des griefs.* VIII Le reste de l'accusation a porté sur deux points : premièrement le roi aurait toujours guetté une occasion, vu ses sentiments d'hostilité envers toi ; deuxièmement il aurait levé une puissante armée pour te combattre. Sur cette armée je serai bref, comme sur tout le reste. Jamais le roi n'a eu des troupes assez fortes pour attaquer le peuple romain [1] ; il se contentait de protéger ses frontières des invasions et des brigandages, et de fournir des renforts à nos généraux. S'il est vrai qu'il pouvait jadis entretenir des effectifs assez importants, il peut à peine aujourd'hui garder quelques troupes. 23 Mais, dit-on, il a envoyé des agents chez un nommé Cécilius [2], et ces agents n'ayant pas voulu y aller, il les a fait mettre en prison. Je n'examine

1. En 703/51 Cicéron (*Ad Att.*, VI, 1, 14) évaluait l'armée galate à 12.000 fantassins et 2.000 cavaliers. C'était trop peu pour attaquer « le peuple romain », mais suffisant en 48 pour menacer César en Asie ; d'où l'escamotage de la question par la phrase suivante.

2. Q. Caecilius Bassus, chevalier ; après Pharsale il se soumit à César ; mais reprit la résistance en 46. Pour ôter toute valeur à l'accusation Cicéron parle avec mépris de Cécilius qu'en 711/43 il qualifiera de « *fortis et praeclarus uir* » (*Phil.*, XI, 32).

fatuus et amens es. Quid ? ille signa aënea in insidiis posuerat quae e balineo in cubiculum transire non possent ? Habes crimina insidiarum ; nihil enim dixit amplius. « Horum » inquit « eram conscius. » Quid tum ? ita ille demens erat ut eum quem conscium tanti sceleris habebat a se dimitteret, Romam etiam mitteret, ubi et inimicissimum sciret esse nepotem suum et C. Caesarem cui fecisset insidias, praesertim cum is unus esset qui posset de absente se indicare ? **22** « Et fratres meos » inquit, « quod erant conscii, in uincla coniecit. » Cum igitur eos uinciret quos secum habebat, te solutum Romam mittebat qui eadem scires quae illos scire dicis ?

VIII Reliqua pars accusationis duplex fuit, una regem in speculis semper fuisse, cum a te animo esset alieno, altera exercitum eum contra te magnum comparasse. De exercitu dicam breuiter ut cetera. Numquam eas copias rex Deiotarus habuit quibus inferre bellum populo Romano posset, sed quibus finis suos ab excursionibus et latrociniis tueretur et imperatoribus nostris auxilia mitteret. Atque antea quidem maiores copias alere poterat, nunc exiguas uix tueri potest. **23** At misit ad nescio quem Caecilium ; sed eos quos misit, quod ire noluerunt, in uincla coniecit. Non quaero quam ueri simile sit

21 in insidiis (in *sup. lin. in* β) βγ : in balneo α || transire *CHgh* : -rent *AV* transferri β*a* || habebat αβ : -eret γ || a se : ab se *C* || indicare Victorius iud- *CAV* uind- β*ah* diud- *H.*
22 in speculis (speluncis *AV*) semper fuisse α*h* : semper in spec. f. β. in spec. f. s. *ag* || animo esset αγ : e. a. β || latroc. αβ : hostium *add.* γ.
23 nescio quem Caecilium αγ : Caec. n. q. β || sed et *C* || coniecit : coegit *C* || sit αβ : non sit γ.

pas jusqu'à quel point il est vraisemblable que le roi n'en ait pas eu d'autres ou que les premiers ne lui eussent pas obéi, ou que, ayant refusé de lui obéir dans une telle affaire, ils aient été emprisonnés et non mis à mort. Mais j'aimerais savoir si, quand il s'adressait à Cécilius, il ignorait la défaite de ce parti-là, ou s'il prenait ce Cécilius pour un personnage important. Car le roi, qui connaît si bien nos dirigeants, ne pouvait que mépriser cet individu, soit qu'il ne le connût pas, soit qu'il le connût trop. **24** On lui reproche aussi de ne pas t'avoir envoyé ses meilleurs cavaliers[1]. Je crois que c'était peu de chose, César, à côté de ta cavalerie ; mais il t'a envoyé ce qu'il avait de mieux. On dit qu'un de ces hommes a été identifié comme esclave[2]. Je ne le crois pas, je n'en ai rien su ; mais, quand cela aurait été, je n'y verrais point la faute du roi.

IX. Quant à son hostilité à ton égard, comment l'a-t-il manifestée ? Il a espéré, je suppose, qu'à Alexandrie tu aurais du mal à t'en sortir à cause de la nature du pays et du fleuve[3]. Mais juste à ce moment il t'a fourni de l'argent, il a nourri ton armée, il a satisfait à toutes les demandes de ton lieutenant en Asie ; après ta victoire il n'a pas été seulement un hôte empressé : il a partagé tes dangers et jusqu'à tes combats. **25** Puis vint la guerre d'Afrique : des bruits alarmants coururent sur ton compte[4], qui réveillèrent encore ce fou furieux de Cécilius. A quels sentiments obéit alors le roi, quand il mit ses biens à l'encan et aima mieux se ruiner que ne pas te fournir d'argent ? « Mais dans le même temps, dit-on, il envoyait à Nicée et à Éphèse recueillir des nou-

1. Pour la guerre en Afrique.
2. Il était interdit à Rome d'enrôler des esclaves, sauf en cas de très grand danger ; un esclave découvert dans une troupe était mis à mort.
3. A la fin de 48, César, surpris par le soulèvement d'Alexandrie, fut assiégé entre la mer et le lac Maréotis ; il fut délivré en mars 47 par Mithridate de Pergame.
4. On annonçait la défaite et la mort de César (Dion Cassius, XLVII, 26, 4).

aut non habuisse regem quos mitteret, aut eos qui missi essent non paruisse, aut qui dicto audientes in tanta re non fuissent, eos uinctos potius quam necatos. Sed tamen cum ad Caecilium mittebat, utrum causam illam uictam esse nesciebat an Caecilium istum magnum hominem putabat ? quem profecto is, qui optime nostros homines nouit, uel quia non nosset uel si nosset, contemneret. **24** Addit etiam illud, equites non optimos misisse. Credo, Caesar, nihil ad tuum equitatum, sed misit ex iis quos habuit electos. Ait nescio quem ex eo numero seruum iudicatum. Non arbitror, non audiui ; sed in eo, etiam si accidisset, culpam regis nullam fuisse arbitrarer.

IX Alieno autem a te animo quo modo ? Sperauit, credo, difficilis tibi Alexandreae fore exitus propter regionum naturam et fluminis. At eo tempore ipso pecuniam dedit, exercitum aluit, ei quem Asiae praefeceras nulla in re defuit ; tibi uictori non solum ad hospitium, sed ad periculum etiam atque ad aciem praesto fuit. **25** Secutum bellum est Africanum. Graues de te rumores qui etiam furiosum illum Caecilium excitauerunt. Quo tum rex animo, qui auctionatus sit seseque spoliare maluerit quam tibi pecuniam non subministrare ? « At eo » inquit « tempore ipso Nicaeam Ephesumque mittebat, qui

23 qui missi essent αγ : qui misissint C^2 quos misisset β || audientes *αDag* : obaud- *h* obed- *BE*.

24 credo *gh* : ueteres credo αβ ueteres. Credo *a* || ait β*hg* : ait etiam α*a* || animo αβ : fuit *add.* γ || quo modo : quia *a* || ei quem αγ : ei *om.* β || nulla in re αγ : in *om.* β *sup. lin. add. E* || etiam *om.* β || ad aciem *CH ag* : aciem *V*β*h* etiam A.

25 rumores αβ : sparsi *add.* E^2γ || animo α : fuit *add.* β erga te fuit *add.* γ || spoliare *H*β*gh* : exsp- *Aa*.

velles d'Afrique pour se les faire apporter rapidement. Ainsi ayant appris que Domitius avait péri dans un naufrage [1], que tu étais assiégé dans une forteresse [2], il aurait cité à propos de Domitius un vers grec dont nous avons l'équivalent dans notre langue :

« Meure l'ami, pourvu que l'ennemi succombe ! » [3].

Mais ce roi, eût-il été ton plus grand ennemi, n'aurait jamais dit pareil mot : Déjotarus est la douceur même, le vers est atroce. Comment d'ailleurs pouvait-il être l'ami de Domitius en étant ton ennemi ? Et pourquoi serait-il ton ennemi, se rappelant qu'au lieu de le mettre à mort, comme les lois de la guerre te le permettaient, tu lui avais, ainsi qu'à son fils, accordé le titre de roi ?

c) *Digression.* **26** Poursuivons ! Jusqu'où ose aller ce gibier de potence ? il prétend que Déjotarus, transporté de joie à cette nouvelle, se plongea dans l'ivresse et dansa tout nu pendant le repas. Quel supplice serait assez cruel pour ce vil transfuge ? A-t-on jamais vu Déjotarus danser ou s'enivrer ? Toutes les vertus d'un roi sont réunies en lui, tu ne l'ignores sans doute pas, César ; mais il se distingue surtout par son extrême sobriété, et je sais que ce n'est pas un mot qui sert souvent pour louer un roi. Dire qu'il est un homme sobre, ce n'est pas faire grand éloge d'un souverain : courage, justice, sérieux, sagesse, magnanimité, munificence, bienfaisance, générosité, voilà des vertus royales ; sobriété, c'est vertu privée ! Qu'on prenne la chose comme on voudra, j'estime pour ma part que la sobriété, c'est-à-dire la modération et la tempérance, est une très grande vertu. Cette

1. Sur Domitius cf. *sup.* V, 14, n. 1. Après la victoire de Zéla sur Pharnace, César laissa Domitius en Asie, puis l'appela en Afrique ; l'annonce de sa mort était une fausse nouvelle.

2. Sans doute Ruspina, entre Petite-Leptis et Hadrumète ; en janv. 46 César, à peine débarqué en Afrique, s'y trouva en difficulté devant Métellus Scipion et Juba de Numidie ; il en fut tiré par Bocchus de Mauritanie et par l'arrivée de renforts d'Asie et d'Italie.

3. On connaît ce proverbe grec sous deux formes : « 'Απόλοιτο

rumores Africanos exciperent et celeriter ad se referrent. Itaque cum esset ei nuntiatum Domitium naufragio perisse, te in castello circumsederi, de Domitio dixit uersum Graecum eadem sententia qua etiam nos habemus Latinum :

« Pereant amici, dum inimici una intercidant. »

Quod ille, si esset tibi inimicissimus, numquam tamen dixisset ; ipse enim mansuetus, uersus immanis. Qui autem Domitio poterat esse amicus qui tibi esset inimicus ? Tibi porro inimicus cur esset, a quo cum uel interfici belli lege potuisset, regem et se et filium suum constitutos esse meminisset ?

26 Quid deinde ? furcifer quo progreditur ? ait hac laetitia Deiotarum elatum uino se obruisse in conuiuioque nudum saltauisse. Quae crux huic fugitiuo potest satis supplici adferre ? Deiotarum saltantem quisquam aut ebrium uidit umquam ? omnes sunt in illo rege uirtutes, quod te, Caesar, ignorare non arbitror, sed praecipue singularis et admiranda frugalitas : etsi hoc uerbo scio laudari regem non solere. Frugi hominem dici non multum habet laudis in rege ; fortem, iustum, seuerum, grauem, magni animi, largum, beneficum, liberalem, hae sunt regiae laudes, illa priuata est. Ut uolet quisque accipiat ; ego tamen frugalitatem, id est modestiam et temperantiam, uirtutem maximam iudico. Haec in illo est ab

25 circumsederi : -ere *C* || esset tibi : t. e. *C* || tibi porro inimicus *om. AV* || lege potuisset : l. et inposuisset *C*.

26 hac : haec *C* || nudum : se *add.* *C* || sunt in illo *αγ* : in i. s. β || rege : regiae *a* || praecipue : -ua *C* || regem *Aβ* : -es *CHγ* || magni animi *αBD* : magnianimum σ magnanimum *Eahg* || hae *AVβh* : haec *Hag*.

vertu, qu'il pratique depuis son enfance, est connue et appréciée de toute l'Asie, de nos magistrats et légats et même des chevaliers romains qui ont fait des affaires là-bas.

27 C'est à force de services rendus à notre république qu'il a conquis son titre de roi ; ce qui ne l'a pas empêché, tout le temps qu'il ne guerroyait pas à nos côtés, de nouer des relations, des liens d'amitié et d'affaires avec nos concitoyens, et de joindre ainsi à son renom d'illustre tétrarque [1] celui d'excellent père de famille, d'agriculteur et d'éleveur de premier ordre [2]. Un homme qui, dès sa jeunesse et avant d'avoir acquis tant de gloire, eut toujours une conduite si austère et si digne, peut-il à son âge et avec une telle réputation s'être mis à danser ?

X **28** Tu aurais mieux fait, Castor, d'imiter les principes et la conduite de ton grand-père, que d'insulter, par la bouche d'un esclave en fuite, le meilleur et le plus distingué des hommes. Même si tu avais eu pour grand-père un danseur au lieu de quelqu'un auprès de qui on prendrait des leçons de moralité et de pudeur, une telle insulte serait déplacée vu son âge. De tous les exercices auxquels il s'était formé dès son enfance pour devenir non un danseur, mais un habile escrimeur et un parfait cavalier, son âge avancé l'avait rendu incapable. Aussi quand plusieurs bras avaient hissé Déjotarus sur son cheval, admirions-nous ce vieillard qui pouvait encore se tenir en selle. Quant à ce jeune homme, qui servit sous mes ordres en Cilicie et fut en Grèce mon compagnon d'armes, on le voyait dans notre armée

καἰλος σὺν ἐχθροῖς et 'Ερρέτω φίλος σὺν ἐχθρῷ. Il faut supposer que Domitius avait avec lui des officiers ou soldats galates, pour expliquer *amici*. Devant César, Cicéron dut citer le texte grec, mais dans la rédaction pour le grand public y substituer la traduction latine (L. Laurant, *Étude sur le style des discours de Cicéron*, Introd., p. 7).

1. Cf. *Notice*, pp. 87-88.

2. Varron (*De re rustica*, I, 1, 10) rapporte qu'une traduction grecque d'un ouvrage carthaginois sur l'agriculture avait été dédiée à Déjotarus.

ineunte aetate cum a cuncta Asia, cum a magistratibus legatisque nostris, tum ab equitibus Romanis qui in Asia negotiati sunt, perspecta et cognita.

27 Multis ille quidem gradibus officiorum erga rem publicam nostram ad hoc regium nomen ascendit, sed tamen quicquid a bellis populi Romani uacabat, cum hominibus nostris consuetudines, amicitias, res rationesque iungebat, ut non solum tetrarches nobilis, sed etiam optimus pater familias et diligentissimus agricola et pecuarius haberetur. Qui igitur adulescens nondum tanta gloria praeditus nihil umquam nisi seuerissime et grauissime fecerit, is ea existimatione eaque aetate saltauit ?

X **28** Imitari, Castor, potius aui mores disciplinamque debebas, quam optimo et clarissimo uiro fugitiui ore male dicere. Quod si saltatorem auum habuisses neque eum uirum unde pudoris pudicitiaeque exempla peterentur, tamen hoc maledictum minime in illam aetatem conueniret. Quibus ille studiis ab ineunte aetate se imbuerat, non saltandi, sed bene ut armis, optime ut equis uteretur, ea tamen illum exacta iam aetate defecerant. Itaque Deiotarum cum plures in equum sustulissent, quod haerere in eo senex posset, admirari solebamus ; hic uero adulescens, qui meus in Cilicia miles, in Graecia commilito fuit, cum in illo nostro exercitu equitaret cum

26 aetate : *hic defic. hg, iam inde* γ = *a*σ.
27 ille quidem *CH*σ : q. i. *AV*β*a* || amicitias res rationesque *om. CH* || sed etiam β*a* : sed ασ|| et dilig. : et *om. CH*.
28 exacta iam aetate *Reeder* : iam aet. α cuncta iam ex. aet. *BD*γ cuncta iam ex. E.

caracoler à la tête de sa cavalerie d'élite que son père avait envoyée avec lui à Pompée [1] : quels rassemblements il provoquait ! quelle vanité ! quelle ostentation ! il ne le cédait à personne dans son zèle fanatique pour la cause ! [2]
29 Et une fois l'armée en déroute, moi qui, ayant toujours poussé à la paix, conseillais après Pharsale de déposer les armes sans condition, je ne pus le rallier à mon opinion, autant à cause de sa propre ardeur dans le conflit que de sa certitude d'avoir à contenter ainsi son père. Bienheureuse maison qui a conquis, avec l'impunité, licence d'incriminer les autres ! Infortuné Déjotarus qui se voit accusé par celui qui servit dans le même camp [3], accusé devant toi, accusé par sa propre famille ! Votre bonheur, Castor, ne vous suffit-il pas ? vous faut-il encore le malheur de vos proches ?

XI **30** Je veux bien que vous soyez en désaccord — et pourtant ce ne devrait pas être ; car c'est grâce au roi Déjotarus que votre maison, d'obscure et basse origine, est passée des ténèbres à la lumière, et nul n'avait entendu parler de ton père avant qu'il fût le gendre du roi ! — ; mais si ingrats, si impies que vous fussiez en reniant votre parenté, vous pouviez cependant rester humains dans votre inimitié, au lieu de charger ce vieillard d'un crime imaginaire, d'en vouloir à sa vie, de réclamer sa tête. Mais soit ! admettons encore cet âpre excès de haine : pouvait-il aller jusqu'à violer tous les droits de l'individu, de la société, de l'humanité ? Suborner un

1. César (*B. Ciu.*, III, 4), dans le dénombrement des troupes de Pompée, mentionne six cents cavaliers galates « amenés par Déjotarus » et « trois cents levés en Gallogrèce par Tarcondarius Castor et Domnilaus ; le premier les accompagnait, le second avait envoyé son fils ».

2. En se frappant une fois de plus la poitrine, Cicéron, d'avocat, devient témoin des faits qu'il invoque, pour souligner le zèle de Castor.

3. L'avocat reprend ici le procédé qui lui a si bien réussi dans la défense de Ligarius : il insiste sur le fait que l'accusateur a été un adversaire de César bien plus acharné que l'accusé. Mais ici ce n'est que secondaire : le point capital est le projet de meurtre.

suis delectis equitibus quos una cum eo ad Pompeium pater miserat, quos concursus facere solebat, quam se iactare, quam ostentare, quam nemini in illa causa studio et cupiditate concedere! **29** Tum uero exercitu amisso ego, qui pacis semper auctor, post Pharsalicum autem proelium suasor fuissem armorum non ponendorum, sed abiciendorum, hunc ad meam autoritatem non potui adducere, quod et ipse ardebat studio illius belli et patri satis faciendum arbitrabatur. Felix ista domus quae non impunitatem solum adepta sit, sed etiam accusandi licentiam, calamitosus Deiotarus qui et ab eo qui in iisdem castris fuerit, et non modo apud te, sed etiam a suis accusetur! uos uestra secunda fortuna, Castor, non potestis sine propinquorum calamitate esse contenti?

XI **30** Sint sane inimicitiae quae esse non debebant — rex enim Deiotarus uestram familiam abiectam et obscuram e tenebris in lucem euocauit; quis tuum patrem ante quis esset quam cuius gener esset audiuit? —, sed quamuis ingrate et impie necessitudinis nomen repudiaretis, tamen inimicitias hominum more gerere poteratis, non ficto crimine insectari, non expetere uitam, non capitis arcessere. Esto, concedatur haec quoque acerbitatis et odi magnitudo; adeone ut omnia uitae salutisque communis atque etiam humanitatis iura uiolentur? seruum sollicitare

29 tum *Clark* : cum *codd.* || ego... auctor *om. E iterato* et cupiditate || auctor *αα* : auctor fui *BDa* || autem *om. BE* || ponendorum *αa* : dep- *Bσ* || illius *αγ* : ipsius β || faciendum *αa* : f. esse *βσ* || etiam accusandi *αγ* : a. e. β || et non *αγ* : et *om.* β || Castor : *om. AV.*

30 ante *αa* : antea *βσ* || gener *AVγ* : gener̄ *C* genere *Hβ* || repudiaretis (*ex* -ritis *D*) β : -ritis *αγ* || acerbitatis *CHVβa* : -tas *Aσ*.

esclave, le corrompre par des promesses, l'attirer chez vous, l'armer contre son maître, c'est déclarer une guerre infâme, plus qu'à l'un de vos proches, à toutes les familles. Car si une pareille subornation d'esclave, au lieu d'être punie, était encore approuvée par une si haute autorité, il n'est pas de murs, il n'est pas de lois, il n'est pas de principes de droit qui pourraient assurer notre sauvegarde. Du moment que notre vie privée, qui n'appartient qu'à nous, peut être impunément étalée au dehors et servir d'armes contre nous, c'est le maître qui est esclave, c'est l'esclave qui devient le maître.

31 O temps, ô mœurs ! L'illustre Cn. Domitius, que notre enfance a vu consul, censeur et grand pontife, avait, pendant son tribunat, cité devant la justice populaire M. Scaurus [1], premier citoyen de Rome ; un esclave de Scaurus vint secrètement trouver Domitius et lui dit qu'il était prêt à porter des accusations contre son maître ; le tribun fit arrêter l'esclave et le remit à Scaurus. Voyez la différence : j'ai tort de comparer Castor à Domitius ; mais enfin, Domitius renvoya l'esclave à son adversaire, toi tu as détourné celui de ton aïeul ; lui, loin de l'avoir corrompu, ne voulut pas l'écouter, toi tu l'as corrompu ; lui repoussa la collaboration d'un esclave contre son maître, toi tu l'as même employé comme accusateur. **32** Vous ne l'avez, paraît-il, corrompu qu'une toute petite fois. Est-ce que, après t'avoir été amené et être resté un moment avec toi, il ne te quitta pas pour se réfugier à l'ambassade ? n'est-il pas allé trouver Cn. Domitius ici présent [2] ? est-ce que devant l'honorable Ser. Sulpicius [3], qui se trouvait à dîner chez Domitius, et le jeune et distingué T. Torquatus, également

1. Cn. Domitius Ahenobarbus, tribun en 650/104, accusa M. Æmilius Scaurus de violation des rites dans une cérémonie.

2. Il est improbable qu'il s'agisse du Domitius des §§ 14 et 25, où Cicéron ne signale pas sa présence et n'invoque pas son témoignage.

3. Servius Sulpicius Rufus, juriste, orateur, ami de Cicéron, consul en

uerbis, spe promissisque corrumpere, abducere domum, contra dominum armare, hoc est non uni propinquo, sed omnibus familiis nefarium bellum indicere. Nam ista corruptela serui si non modo impunita fuerit, sed etiam a tanta auctoritate adprobata, nulli parietes nostram salutem, nullae leges, nulla iura custodient. Ubi enim id quod intus est atque nostrum impune euolare potest contraque nos pugnare, fit in dominatu seruitus, in seruitute dominatus.

31 O tempora, o mores ! Cn. Domitius ille quem nos pueri consulem, censorem, pontificem maximum uidimus, cum tribunus pl. M. Scaurum principem ciuitatis in iudicium populi uocauisset, Scaurique seruus ad eum clam domum uenisset et crimina in dominum delaturum se esse dixisset, prendi hominem iussit ad Scaurumque deduci. Vide quid intersit, etsi inique Castorem cum Domitio comparo ; sed tamen ille inimico seruum remisit, tu ab auo abduxisti ; ille incorruptum audire noluit, tu corrupisti ; ille adiutorem seruum contra dominum repudiavit, tu etiam accusatorem adhibuisti. **32** At semel iste est corruptus a uobis.Nonne cum esset perductus et cum tecum fuisset, refugit ad legatos ? nonne ad hunc Cn. Domitium uenit ? nonne audiente hoc Ser. Sulpicio clarissimo uiro qui tum casu apud Domitium cenabat, et hoc T. Torquato optimo adulescente se-

30 abducere *αa* : add- βσ ‖ in seruitute βσ : et in s. *αa*.
31 prendi *αa* : apprehendi *BEσ* adprendi *D* ‖ comparo βσ Prisc. *G. L. II* 239 : confero *αa* ‖ iste est corr. *CHβσ* : est c. iste *AVa*.
32 perductus *αDγ* : prod- *BE*.

ici présents, Phidippus n'avoua pas que tu l'avais corrompu et, par tes promesses, poussé au mensonge ? XII. Que signifie ce déchaînement de cruauté, cette absence totale d'humanité ? N'es-tu venu à Rome que pour ruiner les lois et les coutumes de Rome et souiller par la barbarie de ton pays la civilisation de notre cité ?

Reprise de la discussion. **33** Mais avec quelle intelligence on a rassemblé des éléments d'accusation ! « Blésamius, dit-il — car il utilisait pour t'insulter le nom de cet excellent homme bien connu de toi —, écrivait souvent au roi que tu étais haï et regardé comme un tyran, que l'érection de ta statue parmi celles des rois [1] avait vivement indisposé l'opinion, et qu'on ne t'applaudissait pas. » Ne vois-tu pas, César, que ces misérables ont ramassé là tous les commérages que la malveillance répand en ville ? Imagine-t-on Blésamius écrivant que César est un tyran ? Il avait évidemment vu tant de têtes coupées, tant de gens persécutés sur l'ordre de César, frappés de verges, mis à mort, tant de familles plongées dans la ruine et la désolation, le Forum rempli par la troupe ! Or les maux que nous avons connus avec tous les vainqueurs de guerres civiles, ta victoire nous les a épargnés. **34** Oui, César, tu es le seul dont la victoire n'ait coûté la vie à personne après la bataille. Et quand nous, citoyens libres, nés aux plus beaux jours de la liberté romaine, nous refusons de voir en César un tyran [2] et louons au contraire sa grande modération dans la victoire, est-ce un Blésamius, sujet d'un roi, qui pourrait parler de tyrannie ? Quant à la statue, l'unique, qui songe à la critiquer, alors qu'on en

51 avec Marcellus, rallié à César cf. *Pro Marc., Notice*, p. 29). T. Torquatus ne nous est pas connu.

1. Le Sénat avait fait ajouter la statue de César à celles des sept rois de Rome au Capitole (Dion Cassius, XLIII, 45, 3).

2. Ce sera pour un peu plus tard, quand César sera mort (cf. *Ad Att.*, XIV, 6, 2 ; 15, 1 ; XVI, 15, 3 ; *Ad Fam.*, XII, 22, 2).

a te corruptum, tuis promissis in fraudem impulsum esse confessus est ? XII Quae est ista tam impotens, tam crudelis, tam immoderata inhumanitas ? Idcirco in hanc urbem uenisti ut huius urbis iura et exempla corrumperes domesticaque immanitate nostrae ciuitatis humanitatem inquinares ?

33 At quam acute collecta crimina ! « Blesamius » inquit — eius enim nomine optimi uiri nec tibi ignoti maledicebat tibi — « ad regem » inquit « scribere solebat te in inuidia esse, tyrannum existimari, statua inter reges posita animos hominum uehementer offensos, plaudi tibi non solere ». Nonne intellegis, Caesar, ex urbanis maleuolorum sermunculis haec ab istis esse collecta ? Blesamius tyrannum Caesarem scriberet ? Multorum enim capita ciuium uiderat, multos iussu Caesaris uexatos, uerberatos, necatos, multas adflictas et euersas domos, armatis militibus refertum forum. Quae semper in ciuili uictoria sensimus, ea te uictore non uidimus. **34** Solus, inquam, es, C. Caesar, cuius in uictoria ceciderit nemo nisi armatus. Et quem nos liberi in summa populi Romani libertate nati non modo non tyrannum, sed etiam clementissimum in uictoria uidimus, is Blesamio, qui uiuit in regno, tyrannus uideri potest ? Nam de statua quis queritur, una praesertim, cum

32 impotens *αDγ* : impudens *BE* || immanitate *αγ* : inuman- *D*[1] inhuman- *BD*[2]*E*.
33 nomine optimi uiri *Ha* Prisc. *G. L. III* 325 : hominis nom. opt. uiri *CAV* nom o. hominis β || in inuidia esse *CHVa* in *om. AD* inuidiose *BE*.
34 Solus... in : *om. CH* || liberi *om. H* || uidimus *cod. Dresd. unus* : ducem u. *E* u. d. *BD* ducimus *αγ*.

voit tant d'autres [1] ? Il y a bien lieu, en effet, de regarder d'un œil haineux les statues d'un homme dont on est trop heureux de contempler les trophées ! Si c'est l'emplacement que l'on critique, il n'en est certes pas de plus beau que les Rostres. Pour les applaudissements que répondrais-je ? Tu n'as jamais eu à les désirer, et parfois l'assistance, rendue muette par l'admiration, les a retenus ou s'en est peut-être abstenue comme d'un témoignage trop vulgaire pour paraître digne de toi [2].

Péroraison. XIII **35** Je crois n'avoir rien oublié, mais il est un point que j'ai gardé pour la fin : c'est le vœu que ma défense de Déjotarus te ramène à lui sans arrière-pensée. Je ne redoute plus de ta part aucun ressentiment contre lui, mais je crains que tu ne le soupçonnes d'en garder contre toi : tu te tromperais bien, crois-moi, César. Il se souvient de ce qu'il conserve grâce à toi, non de ce qu'il a perdu ; il ne juge pas que tu l'aies puni ; vu tous les dévouements que tu estimais avoir à rétribuer, c'était à lui, pour s'être trouvé de l'autre côté, à en faire les frais ; il l'a reconnu. **36** Le roi d'Asie Antiochus le Grand [3] ayant dû, après sa défaite par L. Scipion, limiter son royaume au mont Taurus et abandonner tout ce qui est maintenant notre province d'Asie, disait souvent que le peuple romain avait été bon pour lui en le déchargeant d'un gouvernement trop lourd et en ne lui laissant qu'un modeste royaume ; Déjo-

1. De divers grands personnages et aussi de César, mais ailleurs que parmi celles des rois, où le dictateur seul avait la sienne ; c'était là le grief ; Cicéron feint de ne pas le savoir.

2. Dans une lettre (*Ad Att.*, XIII, 44, 1) de juillet 45, Cicéron se réjouit de ce qu'on n'a pas applaudi dans un cortège la statue de la Victoire parce que celle de César était toute proche. Le rapport de Blésamius était donc véridique ; l'interprétation du fait par l'avocat est pénible.

3. Antiochus III, héritier des Séleucides, dont l'empire allait de l'Hellespont à l'Indus ; successivement en guerre avec l'Égypte, les Parthes, la Bactriane, puis Rome ; c'est auprès de lui que se réfugia Hannibal en 561 /193 ; battu en 190 par L. Scipion au Mont Sipyle, il

tam multas uideat ? Valde enim inuidendum est eius statuis cuius tropaeis non inuidemus. Nam si locus adfert inuidiam, nullus est ad statuam quidem rostris clarior. De plausu autem quid respondeam ? Qui nec desideratus umquam a te est, et nonnumquam obstupefactis hominibus ipsa admiratione compressus est, et fortasse eo praetermissus quia nihil uulgare te dignum uideri potest.

XIII **35** Nihil a me arbitror praeteritum, sed aliquid ad extremam causae partem reseruatum. Id autem aliquid est, te ut plane Deiotaro reconciliet oratio mea. Non enim iam metuo ne tu illi suscenseas, illud uereor ne tibi illum suscensere aliquid suspicere ; quod abest longissime, mihi crede, Caesar. Quid enim retineat per te meminit, non quid amiserit, neque se a te multatum arbitratur, sed cum existimares multis tibi multa esse tribuenda, quo minus a se qui in altera parte fuisset ea sumeres non recusauit. **36** Etenim si Antiochus Magnus ille, rex Asiae, cum, postea quam a L. Scipione deuictus Tauro tenus regnare iussus est, omnem[que] hanc Asiam quae est nunc nostra prouincia amisisset, dicere est solitus benigne sibi a populo Romano esse factum, quod nimis magna procuratione liberatus modicis regni terminis uteretur, potest multo faci-

34 inuidemus αγ : -dimus β || nullus est ασ : n. locus est β*a* || a te βγ : in te α.

35 praeteritum α*a* : praetermissum βσ || extremam causae partem β : -mum c. p. σ -mam p. c. *CH* -mum c. *AVa* || te *superscr.* *C* || reconciliet : conciliet *C* || existimares : -et *C* || a se qui *H* : assequi *CA*βγ || fuisset ασ : potuisset β*a*.

36 cum postea quam *AV*β*a* : c. postea *H* qui postquam σ || L. Scipione : L. *superscr.* *C om.* β || iussus est α*D*γ : i. esset *BE*.

tarus peut se consoler plus facilement encore, à l'idée que l'autre expiait un emportement aveugle, lui une simple erreur.

Tu as tout donné à Déjotarus, César, en accordant à lui-même et à son fils le titre de roi[1]. Du moment qu'il garde et conserve ce titre, rien n'est perdu, à ses yeux, des bienfaits de Rome ni de l'estime du Sénat. Son âme est grande et noble, ni ses ennemis ni même la fortune ne l'abattront jamais. **37** Il pense avoir acquis par sa conduite passée et posséder dans son âme courageuse bien des choses que rien ne saurait lui faire perdre. Quel revers, quel accident, quelle assez grande injustice pourrait anéantir les décisions de tous nos généraux[2] en faveur de Déjotarus ? Car il fut honoré par tous ceux qui, depuis que son âge lui permit d'être dans les camps, ont fait la guerre en Asie, en Cappadoce, dans le Pont, en Cilicie et en Syrie. Les innombrables jugements du Sénat, si élogieux pour Déjotarus, qui sont consignés dans les archives et sur les monuments officiels de Rome, quelle suite de siècles les ensevelira, quel oubli pourra les effacer ? Que dirai-je de son courage, de sa grandeur d'âme, de sa dignité, de sa constance ? Pour tous les grands esprits, pour tous les sages ces qualités sont les biens suprêmes, certains[3] ont même dit qu'elles sont les seules, que la vertu s'en contente et sait y trouver le bonheur. **38** Persuadé de cette vérité, la méditant jour et nuit, Déjotarus, loin d'avoir contre toi le moindre ressentiment — il n'est ni ingrat ni fou — porte au

dut en 188 abandonner tous ses territoires à l'est du Taurus, et Rome les remit à Eumène II de Pergame.

1. C'est à Pompée et au Sénat que Déjotarus devait ce titre (cf. *Notice* p. 88) : quand César fit ratifier les actes de Pompée, les intérêts du Galate étaient le moindre de ses soucis.

2. Sylla et Muréna pour les deux premières guerres contre Mithridate, Servilius après l'expédition contre les pirates isauriens, Lucullus et Pompée après la défaite de Mithridate (Cicéron, *Phil.*, XI, 33).

3. Les Stoïciens.

lius hoc se Deiotarus consolari ; ille enim furoris multam sustulerat, hic erroris.

Omnia tu Deiotaro, Caesar, tribuisti, cum et ipsi et filio nomen regium concessisti. Hoc nomine retento atque seruato, nullum beneficium populi Romani, nullum iudicium de se senatus imminutum putat. Magno animo et erecto est, nec umquam succumbet inimicis, ne fortunae quidem. **37** Multa se arbitratur et peperisse ante factis et habere in animo atque uirtute, quae nullo modo possit amittere. Quae enim fortuna aut quis casus aut quae tanta possit iniuria omnium imperatorum de Deiotaro decreta delere ? Ab omnibus est enim is ornatus qui, postea quam in castris esse potuit per aetatem, in Asia, Cappadocia, Ponto, Cilicia, Syria bella gesserunt ; senatus uero iudicia de illo tam multa tamque honorifica, quae publicis populi Romani litteris monumentisque consignata sunt, quae umquam uetustas obruet aut quae tanta delebit obliuio ? Quid de uirtute eius dicam, de magnitudine animi, grauitate, constantia ? Quae omnes docti atque sapientes summa, quidam etiam sola bona esse dixerunt, eisque non modo ad bene, sed etiam ad beate uiuendum contentam esse uirtutem. **38** Haec ille reputans et dies noctesque cogitans non modo tibi non suscenset — esset enim non solum ingratus, sed etiam amens —, uerum

36 hoc se αa : hoc *om.* βσ || sustulerat *CH* : dist- *AV* sustinuerat βa subierat σ || se senatus : se *om.* *CAV*.

37 peperisse αγ : reper- β || est enim is orn. αa : enim his o. est σ enim est o. β || sola bona βσ : b. s. αa || eisque *Nohl* : isque *uel* hisque *codd.*

compte de ta clémence le calme et la tranquillité de ses vieux jours.

XIV Tels étaient déjà ses sentiments ; et je ne doute pas que la lettre qu'à Tarragone [1] tu chargeas Blésamius ici présent de lui remettre, et dont j'ai lu la copie, n'ait encore relevé son courage et dissipé toutes ses inquiétudes. Tu lui conseilles l'espoir et la confiance et je sais que tu n'écris jamais ces mots en vain. Je me rappelle que tu m'écrivais à peu près dans les mêmes termes [2], me conseillant à moi aussi l'espoir, et que les assurances de ta lettre ne furent point trompeuses. **39** Certes je prends à cœur la cause du roi Déjotarus, dont mes fonctions m'ont fait devenir l'ami ; une bonne volonté commune nous a unis des liens de l'hospitalité ; les relations suivies créèrent l'intimité ; mais c'est surtout son grand dévouement pour moi et mon armée qui nous attacha l'un à l'autre. Néanmoins ce n'est pas l'intérêt de Déjotarus seul que j'ai ici en vue, mais aussi celui de bien des hommes éminents : il faut qu'ils aient obtenu ton pardon une fois pour toutes, que ta générosité ne soit pas révoquée en doute, que dans les cœurs ne demeure pas une perpétuelle inquiétude, et qu'on ne voie pas recommencer à te craindre ceux que tu as une fois délivrés de la crainte.

40 Je ne dois point, César, comme on le fait dans des cas aussi tragiques, demander à l'éloquence le moyen d'éveiller la pitié ; ce n'est pas nécessaire : ta pitié sait elle-même prévenir les supplications des malheureux, sans attendre l'appel d'un avocat. Représente-toi les deux princes et figure-toi ce que que tes yeux ne peuvent voir :

1. Tarraco, ville d'Espagne au nord de l'Èbre, où César se trouvait vers la fin de la guerre contre les fils de Pompée (début de 709/45). On n'a pas d'autre référence pour ce fait.

2. Nous n'avons pas le texte de cette lettre de César à Cicéron ; on sait seulement qu'elle se fit longtemps attendre, qu'elle fut écrite d'Égypte (cf. *Pro Lig.*, III, 7) vers juillet-août 707/47 et que Cicéron la trouva seulement « *satis liberalis* » (*Ad Fam.*, XIV, 23).

omnem tranquillitatem et quietem senectutis refert acceptam clementiae tuae.

XIV Quo quidem animo cum antea fuit, tum non dubito quin tuis litteris, quarum exemplum legi, quas ad eum Tarracone huic Blesamio dedisti, se magis etiam erexerit ab omnique sollicitudine abstraxerit. Iubes enim eum bene sperare et bono esse animo, quod scio te non frustra scribere solere. Memini enim isdem fere uerbis ad me te scribere meque tuis litteris bene sperare non frustra esse iussum.
39 Laboro equidem regis Deiotari causa, quocum mihi amicitiam res publica conciliauit, hospitium uoluntas utriusque coniunxit, familiaritatem consuetudo attulit, summam uero necessitudinem magna eius officia in me et in exercitum meum effecerunt. Sed cum de illo laboro, tum de multis amplissimis uiris, quibus semel ignotum a te esse oportet, nec tuum beneficium in dubium uocari, nec haerere in animis hominum sollicitudinem sempiternam, nec accidere ut quisquam te timere incipiat eorum qui sint semel a te liberati timore.

40 Non debeo, C. Caesar, quod fieri solet in tantis periculis, temptare ecquonam modo dicendo misericordiam tuam commouere possim. Nihil opus est. Occurrere solet ipsa supplicibus et calamitosis nullius oratione euocata. Propone tibi duos reges et id animo contemplare quod oculis non potes : dabis

38 refert acceptam αγ : acc. r. β.
39 tuum beneficium αγ : ben. t. β.
40 C. Caesar βσ : Caesar αa || ecquonam *Gulielmius* : et quonam *CH* quonam *AV*βγ || commouere : mouere *C*.

tu accorderas sûrement à la pitié l'audience que tu as refusée à la colère. Nombreux sont les monuments de ta clémence, mais entre tous il y a les existences que tu sauvas. Si tu en tires gloire quand il s'est agi de simples citoyens, quel souvenir ne laisseront-ils pas quand il s'agit de rois !

XV **41** Si toujours le titre de roi fut respecté à Rome[1], celui de roi allié et ami y fut toujours sacré. Ces deux princes [2] ont cru le perdre après ta victoire : mais puisque tu le leur as laissé et confirmé, ils sont persuadés qu'ils pourront le léguer à leurs descendants. Voici des envoyés royaux qui offrent leurs propres personnes [3] pour le salut de leurs rois : c'est Hiéras, c'est Blésamius, c'est Antigonus, qui sont depuis longtemps connus de toi et de nous tous ; c'est, animé du même courage dans la fidélité, Dorylaus, qui fut naguère envoyé en ambassade auprès de toi avec Hiéras ; ils sont tout dévoués à leurs princes, et de plus, je l'espère, possèdent ton estime. **42** Demande à Blésamius s'il a jamais rien écrit au roi de désobligeant pour toi. Hiéras prend sur lui toutes les responsabilités et se substitue au roi pour tous les chefs d'accusation. Il en appelle à ta mémoire, toujours si fidèle ; il affirme ne t'avoir jamais quitté d'un pas dans la tétrarchie de Déjotarus, avoir été à ton service dès ton entrée sur ce territoire et t'avoir escorté jusqu'à ta sortie ; il était auprès de toi quand tu quittas la salle de bains, quand tu examinas les présents du roi après le dîner, quand tu te reposas dans ta chambre, et il ne se montra pas moins assidu auprès de toi le lendemain. **43** A supposer qu'on ait eu la moindre des pensées

1. D'un respect qui se tenait à distance et qui laissait aux autres l'usage de la chose respectée. Est-ce une allusion à l'ascendance royale de César, qui descendait d'Énée ?

2. Déjotarus et son fils du même nom (cf. *Notice*, p. 92).

3. Les représentants de Déjotarus s'offrent à soutenir sous la torture la valeur de leurs affirmations ; ce ne peut être qu'une pratique de leur pays, car, sous la République, des hommes libres ne pouvaient être mis à la torture.

profecto id misericordiae quod iracundiae denegasti. Multa sunt monumenta clementiae tuae, sed maxime eorum incolumitates quibus salutem dedisti. Quae si in priuatis gloriosa sunt, multo magis commemorabuntur in regibus.

XV **41** Semper regium nomen in hac ciuitate sanctum fuit, sociorum uero regum et amicorum sanctissimum. Quod nomen hi reges ne amitterent te uictore timuerunt, retentum uero et a te confirmatum posteris etiam suis tradituros se esse confidunt.

Corpora sua pro salute regum suorum hi legati regii tradunt, Hieras et Blesamius et Antigonus, tibi nobisque omnibus iam diu noti, eademque fide et uirtute praeditus Dorylaus, qui nuper cum Hiera legatus est ad te missus, cum regum amicissimi, tum tibi etiam, ut spero, probati. **42** Exquire de Blesamio num quid ad regem contra dignitatem tuam scripserit. Hieras quidem causam omnem suscipit et criminibus illis pro rege se supponit reum. Memoriam tuam implorat qua uales plurimum ; negat umquam se a te in Deiotari tetrarchia pedem discessisse, in primis finibus tibi praesto se fuisse dicit, usque ad ultimos prosecutum ; cum e balineo exisses, tecum se fuisse, cum illa munera inspexisses cenatus, cum in cubiculo recubuisses, eandemque adsiduitatem tibi se praebuisse postridie. **43** Quam ob rem si

41 se esse confidunt *αa* : esse confido *BDσ* confido *E* || regii *αa* : tibi r. β r. tibi σ || Antigonus *BD*[2]σ : -genus *D*[1]*E* -gronus *a* Artignus α || Dorylaus : Dorulaus *C*.

42 dignitatem tuam *H*βσ : d. suam *CAVa* || praesto se *αa* : se p. βσ || cum e balineo exisset tecum *C in mg.* || munera : om. *CH*.

criminelles qu'on nous impute, Hiéras consent que tu lui en attribues la culpabilité.

Aussi, César, daigne considérer qu'aujourd'hui ta décision entraînera l'infamie et la perte de deux rois ou leur sauvera l'honneur avec la vie. Souhaiter l'un convient à la cruauté de nos adversaires, réaliser l'autre convient à ta clémence.

quid eorum quae obiecta sunt cogitatum sit, non recusat quin id suum facinus iudices.

Quocirca, C. Caesar, uelim existimes hodierno die sententiam tuam aut cum summo dedecore miserrimam pestem inportaturam esse regibus aut incolumem famam cum salute. Quorum alterum optare illorum crudelitatis est, alterum conseruare clementiae tuae.

CORRIGENDA

Texte

P. 48, *Marc.*, 28, l. 11 : corriger « monumenta » en « monumenta, munera »

P. 68, *Lig.*, 6, l. 10 : corriger « quanta lux » en « uide quanta lux »

P. 69, § 8, l. 8 : corriger « ad me » en « ad meum »

Apparat

P. 36, *Marc.*, 2, l. 3-4 : supprimer le début de l'unité critique, qui dout être corrigée en « cum *BDL* : qui cum α qui *E*γ »

Notes

P. 27, note 1 : corriger « *Fam*,. III, 8 » en « IV, 8 »

P. 38, n. 1 : corriger « *Att.*, VII, 9, 4 » en « VIII, 9, 4 »

P. 43, n. 2 : corriger « *B. Ciu.* 82, 3 » en « III, 82, 3 »

P. 60, n. 2 : corriger « *Cicéron*, XXXIX, 65 » en « XXXIX, 6 »

P. 88, n. 1 : corriger « STRAB., XXII, 5, 2 » en « XII, 5, 2 »

P. 86, n. 2 : corriger « *Philip.* II, 95 » en « II, 93 »

TABLE DES MATIÈRES

Ce volume,
de la Collection des Universités de France,
publié aux Éditions Les Belles Lettres,
a été achevé d'imprimer
en novembre 2002
sur presse rotative numérique
de Jouve
11, bd de Sébastopol, 75001 Paris

N° d'édition : 4401
Dépôt légal : novembre et décembre 2002

Imprimé en France